逆説のゴルフ

「曲がる」「飛ばない」それでも
100を切れる

著・久富章嗣

池田書店

はじめに

ゴルフで100を切るというのは、アベレージゴルファーにとって大変難しいことです。本来、スポーツは「習うより慣れろ」ですが、アベレージゴルファーは月に何回かのラウンド、週に1回の練習、打つ球数もせいぜい、百発程度というのが平均的です。そんな練習環境で、身体をリラックスさせて自由に動かすのは簡単なことではありません。しかし、しっかりした理論を持って臨めば、効率のいい練習があなたのゴルフを上達へと導いてくれると私は信じています。

理論の進化は日進月歩です。上級者の理論とアベレージゴルファーの理論は違います。上級者も紆余曲折を経て上達してきたのです。それが成長曲線です。かつての名プレーヤーもボールの曲がりに悩み成長したのです。

アベレージゴルファーの大半が、まっすぐ打てれば100は切れると信じ努力精進します。しかし、まっすぐ打つというのは究極のゴルフです。毎日数百発、数千発と打っているプロでもボールは曲がります。アベレージゴルファーがまず知ることは、ボールは曲がるということです。「曲がる」を知り、「曲げる」を理解し、その「曲がり」を少なくすることから始めるのです。ＰＧＡツアーで数々の記録を持つバイロン・ネルソンは、「よいスコアが出ない人はボールに向かうときに、自分がこれから何をするかを知らないのだ」

と言いました。スライスだろうとフックだろうと、常にボールがどこへ行くかを知っていれば安定したプレーになります。どこへ飛ぶかわからなければトラブルに会います。自分のボールがどこへ行くかを早く知ることが大切なのです。

経験は最大の武器である、と言われますが、経験とはミスをすることでナイスショットを求めることではないのです。アベレージゴルファーの皆さんは、そんなことないよ、と思われるでしょうが、ミスの内容が変わることでスコアが変わるのです。ここに逆説（パラドックス）現象があるのです。

30年間のレッスンで辿り着いた私の理論を集約した本書が、アベレージゴルファーの皆さんのお役に立てば本望です。皆様が、ゴルフを愛し、ロマンを求め、自分の上達を強く信じ、粋なゴルファーになられることを望んでおります。

最後に、本書の発行にあたりご尽力いただいた多くの方々に感謝申し上げます。

久富章嗣

目次

第2章 ショートアプローチ編

ショートアプローチにはスコアメイクのヒントが詰まっている

第3章 ショートゲーム編

ポイントは徹底してグリーンを狙わないこと

第4章 セカンドショット編

〝飛ばす〟から〝運ぶ〟への意識改革

第5章 ティショット編 完璧を求めないことがスコアメイクの近道

第1章
スコアの正体・スイングの正体編

100の壁を超える考え方

第1章

01

100に壁なし、スコア93〜105は同レベルだと知る

スコアの正体・スイングの正体編　100の壁を超える考え方

まずは左ページのレベル分けの表を見て下さい。これは私がさまざまなタイプのゴルファーと接してきて導き出した分け方です。皆さんは、多分レベル2−1という段階にいらっしゃると思います。平均的なスコアが93から105の間ということですね。

あと一歩で100を切れそうだけどまだ100を切った経験がないという人から、切ることはあるけど続かないという人まで、いろいろなレベルの人がいると思います。ですが、お気づきのように表では100を基準としてはいません。それどころか、100という数字には何の意味も持たせていないのです。私の経験では、このスコアの範囲であれば、技術的に差はありません。せっかく100を切ったのに、次ではだめだったといっても、決してヘタになったわけではありません。スコアを出すコツを知らないだけなのです。

アプローチがレベル分けの目安になります。50ヤードからならほぼグリーンに乗せることができるような人が、レベル2−1です。このレベルであればほんとうは100なんてこわくないはずなのです。

Level 1	106～120以上
Level 2-1	93～105
Level 2-2	87～92
Level 3	83～86
Level 4	77～82
Level 5	73～76
Level 6	68～72
Level 7	～67

93 ～ 105 であれば技術的な差はほとんどない。100 はいつでも切れる技術があるということ。

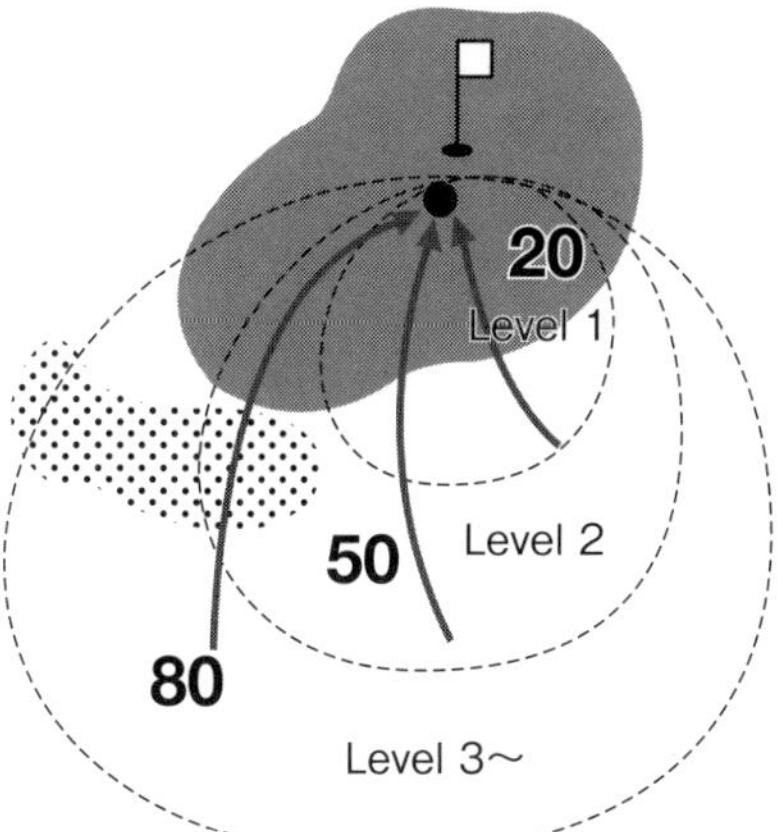

02 スコアは一気にアップするわけではない

左ページ上のグラフを見てください。これは一般的なゴルファーの上達の過程です。スコアがよくなったかと思うと、次には下降してしまい、しばらくしてまたよくなる。こういった波があります。これが普通のゴルファーのたどる道です。

上達とは、ベストスコアを出すことではなく、ワーストスコアの数字を上げることです。ということは、大叩きをしないことです。１００切りのレベルであればダブルボギーは許容範囲ですし、トリプルボギー、あるいは4打オーバーが1度や2度出てもまだ１００切りの可能性はありますから、そこで止めるプレーをすることが大切なのです。

本書ではスイングのテクニックだけでなく、大叩きをしないプレーの仕方を紹介しています。大叩きが少なくなれば、プレーに余裕が生まれ、するとボギー、あるいはパーも出てくるようになります。その結果、ベストスコアが自然に出るようになるのです。

ゴルフの上達とはそういうものです。とくに練習機会が少なく、ラウンドも月に1回という〝月いちゴルファー〟は、着実に上達する方法を選ぶことが大切なのです。

成長曲線（トータルスコアのボトムアップ）

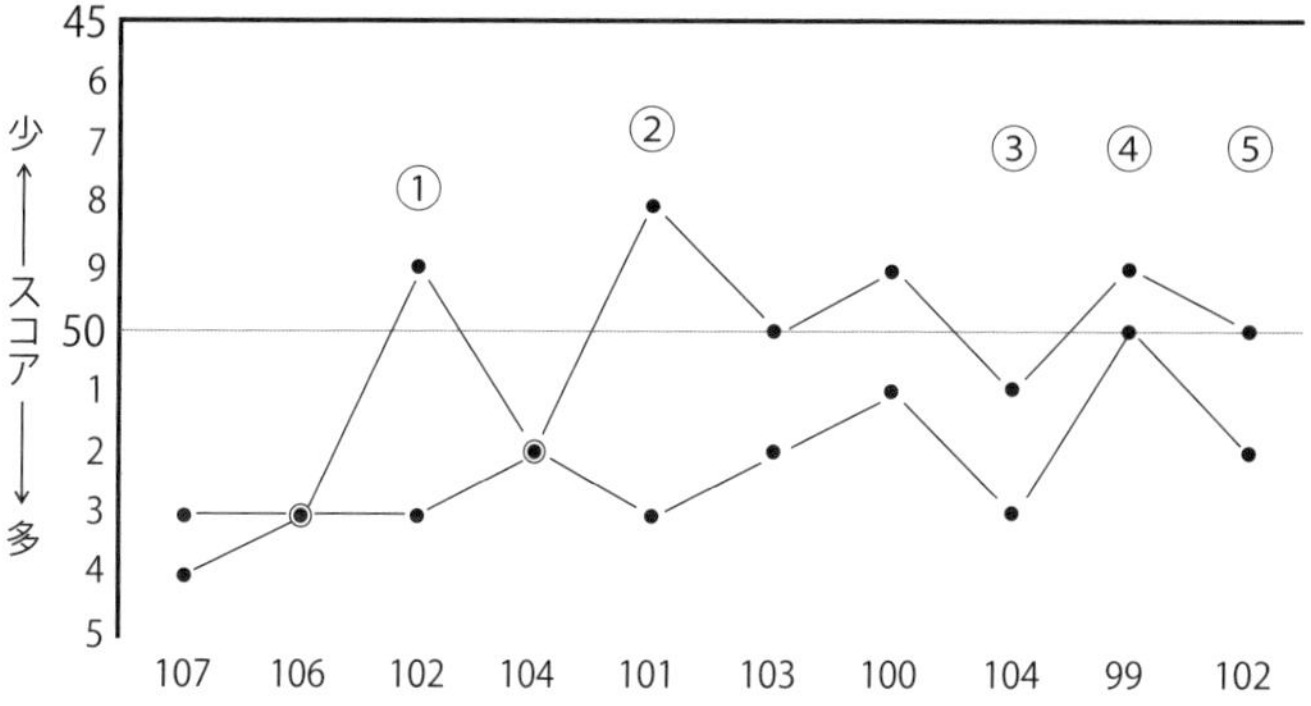

数字には意味がある。

①	49	53	前半に40台が出た。100を切れるのではという期待が膨らみ、後半に乱れてしまう。
②	48	53	前半でハーフのベストスコア。今度こそと思い①のときよりさらに期待してしまった。
③	51	53	前のラウンドで実力がついたとの勘違い。
④	50	49	前半が50だったため欲を抑えて90台を達成。
⑤	50	52	④で意外に楽に90台が出たために、また欲が出た結果。

このプレーヤーのように、一度100を切ったからといって、そのままスコアがよくなり続けるわけではない。上達が窺えるのは、前半、後半のスコアの差が小さくなっているところだ。これはスコアを意識することが少なくなっていることと、スイングが安定してきていることの現れだ。①、②のケースは100を意識したために後半の崩れが起きたのだ。このプレーヤーのようなレベルであれば、ほんとうはいつでも100を切れるのだ。

03 スコアメイクにセオリーなし

スタートホールでダブルボギー。よくあるパターンです。これだけで気落ちして、今日も100は切れないのか、なんて諦めてしまっていませんか。そして、すぐに取り返そうとして次のホールで無理をする。これではスコアメイクをするのは難しい。

スコアには流れというものがあります。まずスタートホールでダボだったら、次もダボでいいのです。ただし、ダボでゲームを組み立て、それに則ってプレーするのです。例えばパー4であれば、4オン2パットというように設計図を描きます。ティショットが曲がってしまっても、次は刻みです。距離を欲張らず、フェアウェイに出すだけ、その次もグリーン周辺であればいいと考えます。そして、アプローチもまず乗ればいい。それから、パットで寄せて、OKのダボですね。こういうプレーを私は「楽なダボ」と呼んでいます。これを続けることが、ボギーあるいはパーを呼び込むコツなのです。また、OKパットをいやがる人が多いのですが、スコアの流れをよくするには利用したほうがいいのです。

逆の流れのパターンもあります。スタートホールでパーが出ると、今日は調子がいいぞ、

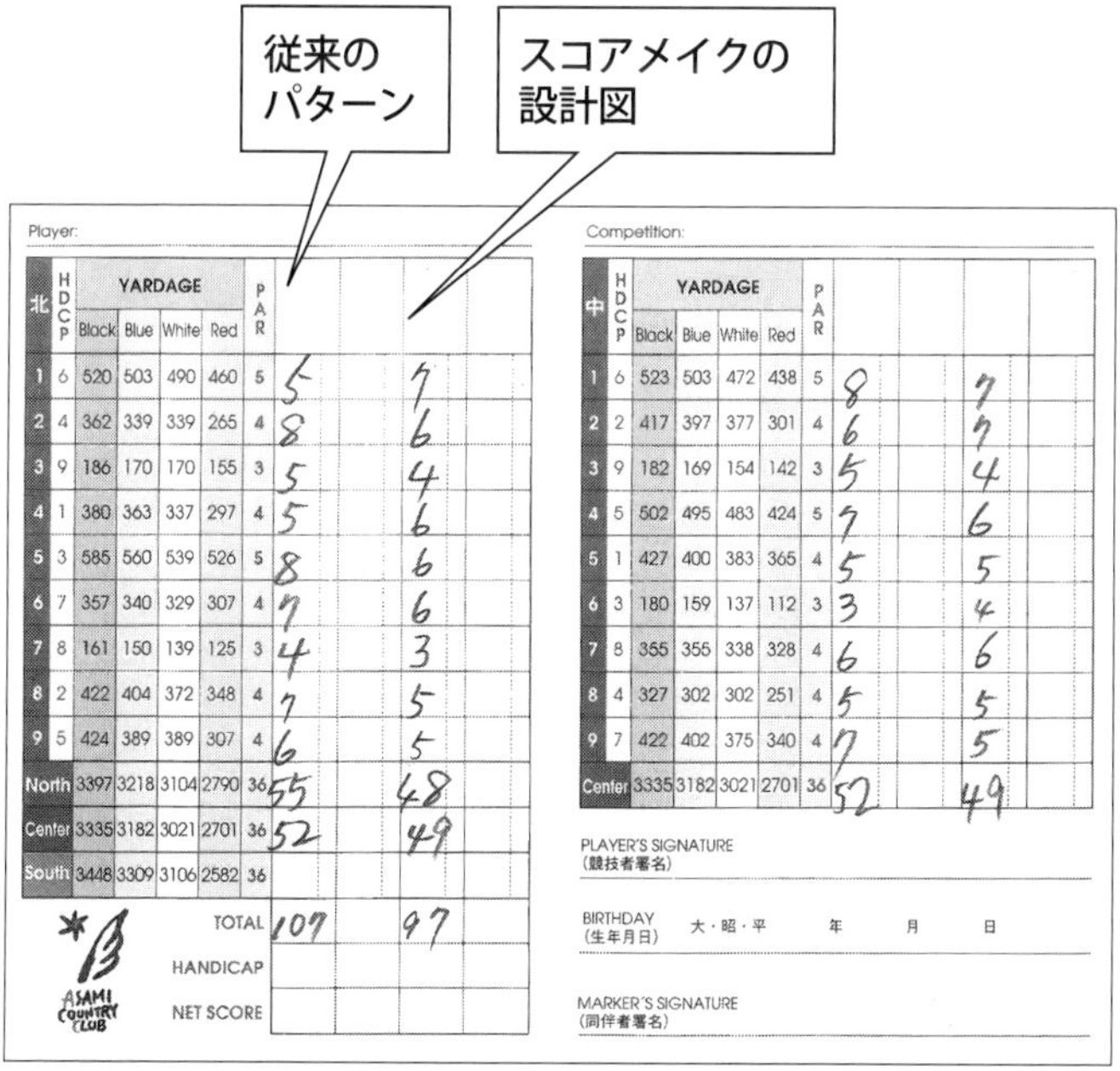

北	HDCP	YARDAGE Black	Blue	White	Red	PAR	従来のパターン	スコアメイクの設計図
1	6	520	503	490	460	5	5	7
2	4	362	339	339	265	4	8	6
3	9	186	170	170	155	3	5	4
4	1	380	363	337	297	4	5	6
5	3	585	560	539	526	5	8	6
6	7	357	340	329	307	4	7	6
7	8	161	150	139	125	3	4	3
8	2	422	404	372	348	4	7	5
9	5	424	389	389	307	4	6	5
North		3397	3218	3104	2790	36	55	48
Center		3335	3182	3021	2701	36	52	49
South		3448	3309	3106	2582	36		
TOTAL							107	97
HANDICAP								
NET SCORE								

中	HDCP	YARDAGE Black	Blue	White	Red	PAR	従来のパターン	スコアメイクの設計図
1	6	523	503	472	438	5	8	7
2	2	417	397	377	301	4	6	7
3	9	182	169	154	142	3	5	4
4	5	502	495	483	424	5	7	6
5	1	427	400	383	365	4	5	5
6	3	180	159	137	112	3	3	4
7	8	355	355	338	328	4	6	6
8	4	327	302	302	251	4	5	5
9	7	422	402	375	340	4	7	5
Center		3335	3182	3021	2701	36	52	49

スタートホールでパーだと、次のホールでスコアを崩してしまうことが多い。ダボスタートでゆっくりとペースをつかむのが賢明なラウンド術だ。

よし次のホールもパーだ、と期待値が高まり、その結果ティショットでミスをしてしまうケースです。セカンドショットでも、こんなはずではと、前のパーの余韻が残っているのでなおさら無理をしてしまいがちです。

皆さんにもそういう経験はありませんか。教訓にいわく、ボギーよりもバーディに注意しろと。スコアの流れを崩すのは悪いスコアではなく、たまたま出てしまういいスコアのほうなのです。パーのあとはもう一度4オンの組み立てを確認しましょう。

04 オール6で設定すれば、あら不思議?! 100切り達成

しつこいようですが、またスコアの話です。スコアカードをじっくりと見てください。すべてのホールを6で上がると54・54でトータル108になります。当たり前ですね。

では各々のホールのパー3を見てください。どんな感じがしますか。すべてのホールのパーと比べてみましょう。4つのパー3を見てください。どんな感じがしますか。すべてのパー3が6なんてあり得ない、そう思いませんか。すごく楽ですよね。では、パー4はどうでしょう。ホール数は10ですね。すべてダブルボギーですか。そうでしょう、それもあり得ないですよね。トリプルボギーになってしまうホールもあるでしょう。でもボギー、パーもあるはずです。では、パー5はどうでしょう。4ホールすべてボギーはちょっときついですね。もちろんパー、あるいはバーディの経験だってあるかもしれません。ですがトリプルの可能性も否定できないでしょう。つまり、オール6というのは、パー3やパー4での精神的負担を軽くして、パー5をボギーで上がることに集中しましょうということなのです。

では具体的にはどうするか。それは本書を読み進めて行けば理解していただけるはずで

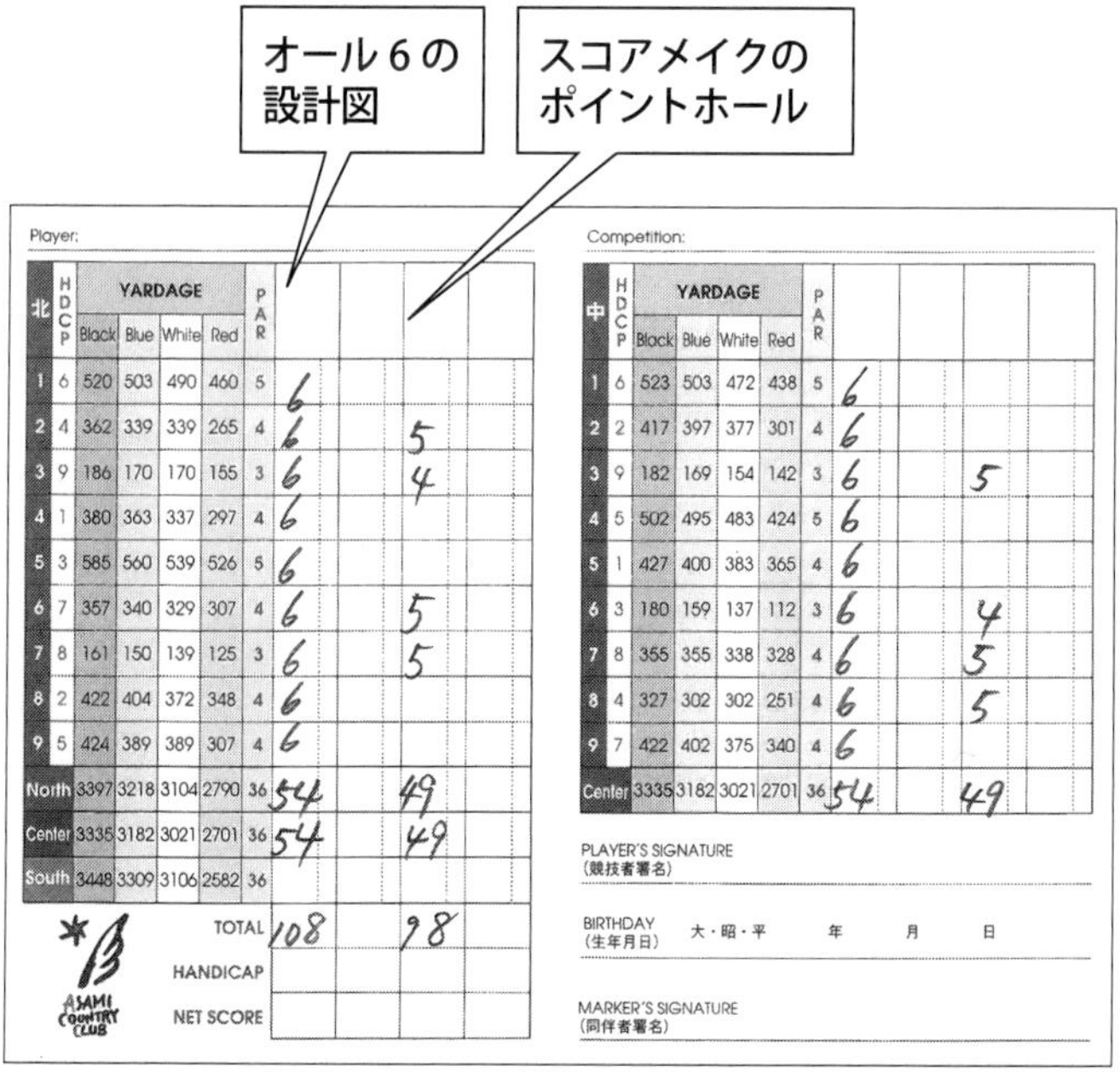

北	HDCP	Black	Blue	White	Red	PAR				
1	6	520	503	490	460	5	6			
2	4	362	339	339	265	4	6		5	
3	9	186	170	170	155	3	6		4	
4	1	380	363	337	297	4	6			
5	3	585	560	539	526	5	6			
6	7	357	340	329	307	4	6		5	
7	8	161	150	139	125	3	6		5	
8	2	422	404	372	348	4	6			
9	5	424	389	389	307	4	6			
North		3397	3218	3104	2790	36	54		49	
Center		3335	3182	3021	2701	36	54		49	
South		3448	3309	3106	2582	36				
TOTAL							108		98	
HANDICAP										
NET SCORE										

中	HDCP	Black	Blue	White	Red	PAR				
1	6	523	503	472	438	5	6			
2	2	417	397	377	301	4	6			
3	9	182	169	154	142	3	6		5	
4	5	502	495	483	424	5	6			
5	1	427	400	383	365	4	6			
6	3	180	159	137	112	3	6		4	
7	8	355	355	338	328	4	6		5	
8	4	327	302	302	251	4	6		5	
9	7	422	402	375	340	4	6			
Center		3335	3182	3021	2701	36	54		49	

オール６の計画を立てていればこその余裕が、ボギー、パーを呼び込んでくれる。パーを求めてはボギー、ダブルボギーとなるスコアの不思議だ。

す。ここでは簡単にいうとロングホールで4オン2パットのボギーの計画を立てることです。〝机上の空論〟と言われそうですが、計画に沿ってプレーをしていくことで、自制心が働くようになり、さらにミスへの対処も適切になります。計画どおりのプレーをする意志の強さと最低限のテクニックを備えること。それはオール5、そして80台へとさらなるステップアップに欠かせないことなのです。

05 3オン1パットでもパーはパー

スコアの正体・スイングの正体編　100の壁を超える考え方

2オン2パットは確かに理想的なプレーです。ですが、3オン1パットのパーとどんな差があるのでしょうか。ゴルフはスコアを求めるものですから、結果の数字が同じなら2オンも3オンも価値は同じです。2オンを考えるから無理をしてしまうのです。

自分のプレーを振り返ってみてください。ティショットがチョロ、それでもセカンドショットがグリーン周りの「第2エリア」（バンカーを含むグリーン周り／94ページ参照）まで行って、そこからアプローチが寄って、そしてたまたまパットが入ってパー。そんな経験はありませんか。じつはそれも本来のゴルフのプレーなのです。何ら恥ずべきことはありません。100切りを目標とするゴルファーは〝拾うパー〟だけでなく〝拾うボギー〟あるいは〝拾うダブルボギー〟を重ねることが大切なのです。

2オン2パットのパーこそ正当であると思い込んでいるのはプロのトーナメントの影響でしょう。優勝争いをしている、プロの中でももっとも調子のいいそんな人たちの真似を、一般ゴルファーがしようとしているのです。どう考えてもそれは無理というものです。

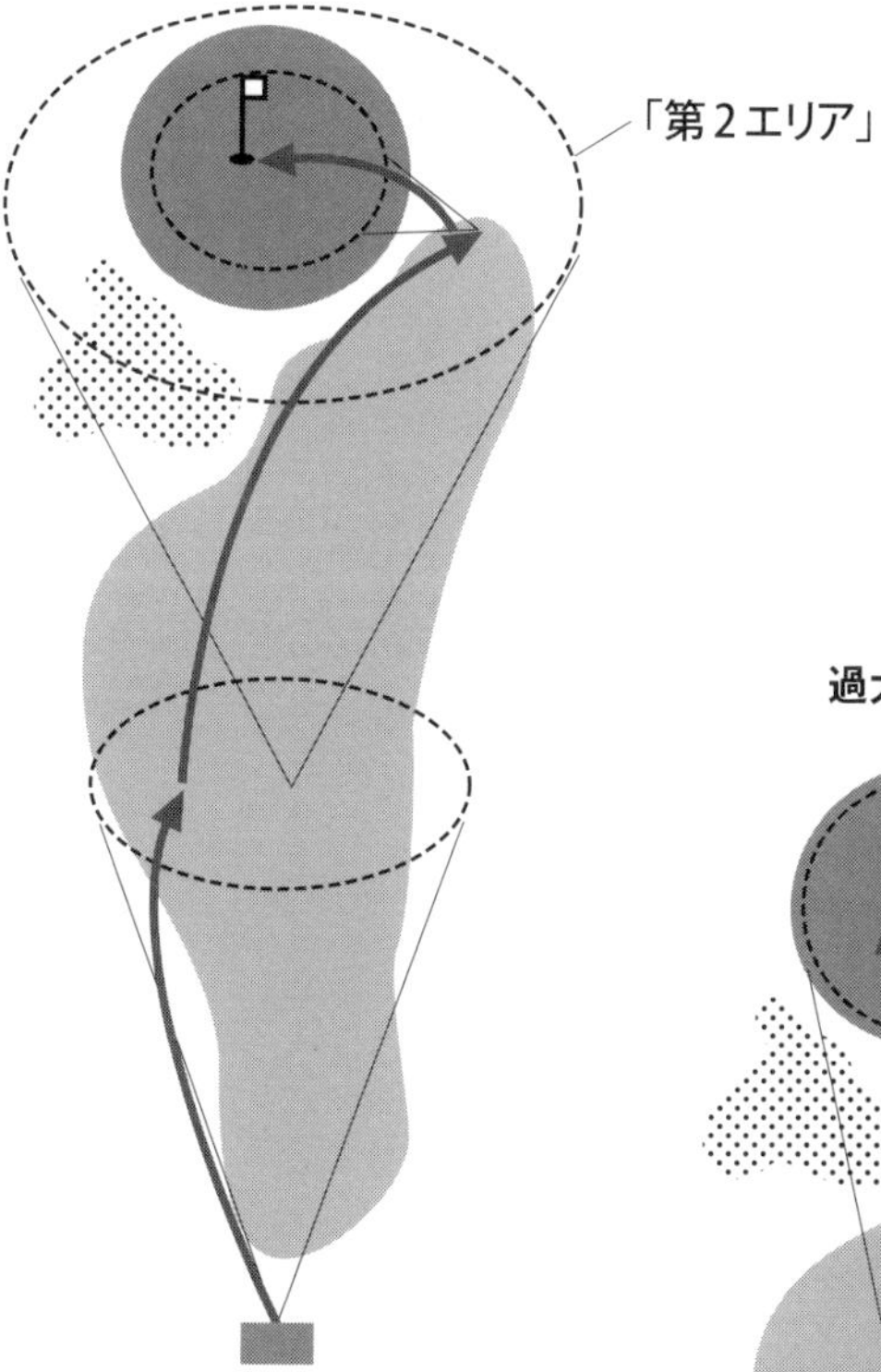

スコアメイクのポイント

狭いグリーンを目標とするから、2オンが難しくなる。グリーンを広く想定し(そこを「第2エリア」と呼ぶ)、それを目標にすれば、セカンドショットは楽になる。仮の2オンと呼んでもいいくらいだ。そこからのアプローチは長いロングパットと考える。寄ればパー。2パットでもボギー。

過大なイメージ

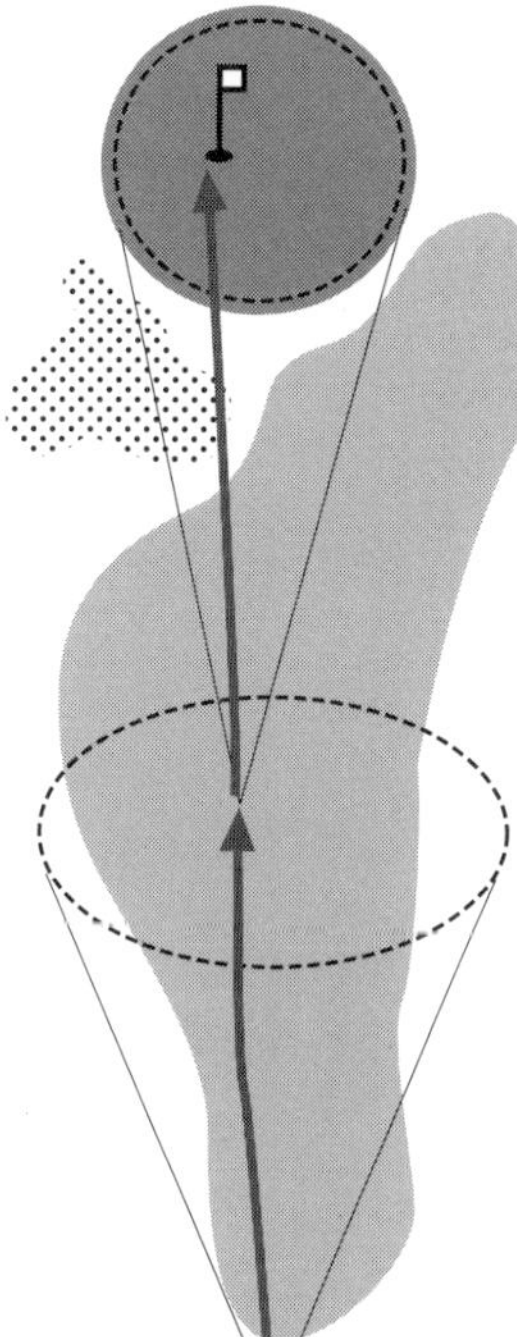

06 あなたのスライスボールはいたって自然

自分の打つボールがなぜスライスになるのか、この問いに明確に答えられる人はいないのではないでしょうか。手首（フェース）の返しが遅い、振り遅れた、腰の開きが早い等々、というのはじつは答えになっていません。

ではなぜでしょう。答えはじつにシンプルです。それはスクエアだからです。スクエアスタンス、肩・腰・膝のラインもスクエア、そしてフェースもスクエア。これはボールを右に出すためのアドレスなのです。それに加えて、アッパースイングですから曲がり具合が一定しません。一定していればそれは武器になるのですが。

そのようなスイングフォームは、私の分類では「プッシュスライス」と呼んでいます。ボールの打ち出し方向が右で、曲がりの方向も右という球筋です。もう一種類「プルスライス」と呼んでいるスライスがあります。左に打ち出され、右にスライスする球種です。

スライスというのは曲がりの大きさをコントロールすることがフック系に比べてやさしく、しかも安定したボールが打てるのでスコアをまとめるにはいい球種だと思います。問

目標方向（手前に置いたクラブのライン）に対してオールスクエアのアドレスでフェースもスクエアではボールは右に出るのが自然なのだ。

題は、スイングが悪いからスライスが出るのだと思い込んでいるところです。

ここは考え方を変えて、強いスライスを覚えましょう。それが「プルスライス」です。アドレスはボールと目標を結んだ線に対してオープンに構えます。スタンスのラインはかなり左を向くことになります。ボールは左足かかと前で、ここが大切なのですが、フェースはシャット（クローズド）にセットします。そしてスタンス方向にスクエアなスイングをするのです。そうするとボールはよくつかまって左方向に出て、右に戻ってくるスライスになります。これは強く、安全なスライスです。是非覚えてほしいテクニックです。

フェースをシャットにセットする。これでつかまったスライスになるのだ。ボール位置は左足かかと前。

スタンスは左を向く（手前に置いたクラブのライン）。そのラインに沿ってヘッドをスイングする。いったん左に出て右に戻るスライスになる。

プルスライスのフォロー＆フィニッシュ

ダウンブローで右肩を下げてフォロー。クラブヘッドは低く左へ振り抜く。

シャットフェースでボールをつかまえ、肩の回転でスライスをかける。肩は最後まで回し切る。

しゃくり上げはしない。方向性が安定しないからだ。

07 フックを知ればスライスに磨きがかかる

人間の能力というのは素晴らしいものです。小さなボールを長いクラブの先についた小さなヘッドで打つことができるのですから。当てることができるだけでも不思議だとは思いませんか。当たった時点で天才の始まり、と私は言っています。

その素晴らしい能力を、皆さんは充分に発揮させていません。まっすぐのボールだけを追い求め、曲げてコントロールする能力を封印あるいは、自分にはないものと断定してしまっているのではないでしょうか。その眠った能力を目覚めさせようというのが、「フック打ち」の練習です。今までと全然違う動きをして体を活性化させようというわけです。

まずは両手首のローテーションの練習法を紹介します。左ページのようにクラブを立ててテークバック、インパクト、フォローと両手首のローテーションでクラブを動かします。フィニッシュは左手小指を離し、クラブが垂れるようにします。これはヘッドを走らせるポイントです。30ページ以下の打ち方を参照して試してください。このフック打ちでボールをつかまえる感触がつかめれば、強いスライスも打てるようになります。

右列上から、アドレス、テークバック、インパクト、フォロー、フィニッシュとなる。フィニッシュでは左手小指を離す。これでヘッドが走る。

ドリル：本書では、久富氏のゴルフ理論を体感するためのさまざまな練習法をドリルと呼びます。

インテンショナルフックの打ち方

フィニッシュでは左手の小指を離す。はじめはフィニッシュだけでもいい。繰り返すうちに走らせるコツがわかるようになる。

練習法の動きを取り入れたフォロー。これで、いわゆるインテンショナルフックを打てる。

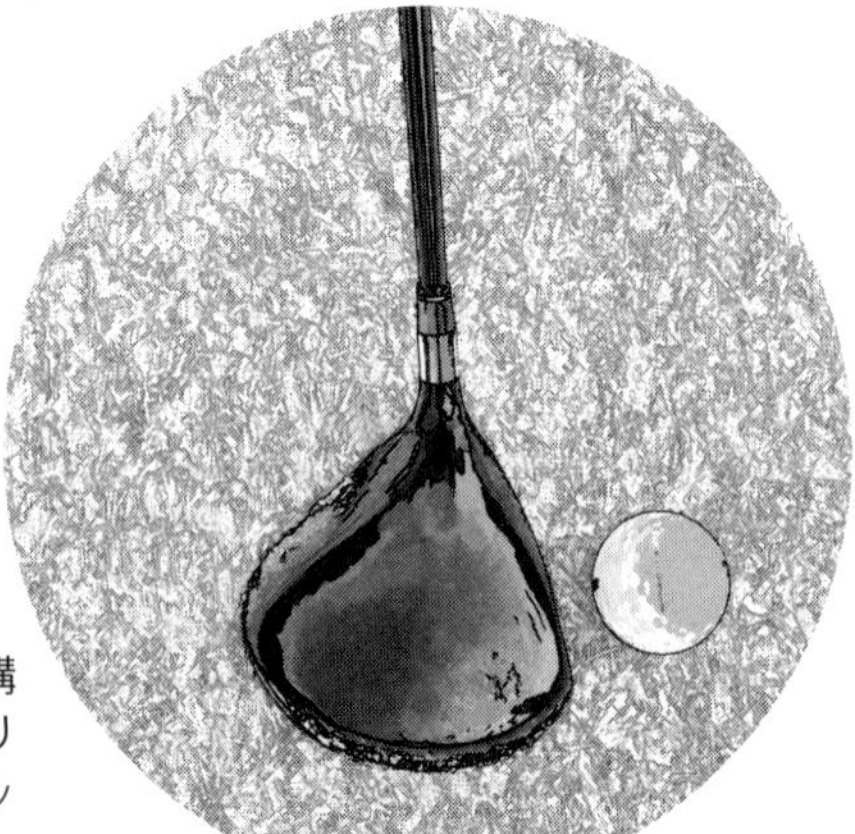

フェースはシャットに構える。はじめは思い切り引っかける。ダックフックになっても構わない。

フックを打ったときのフィニッシュのフォームは、こうなるのが自然。クラブは縦になる。

左手を強く握っているためにヘッドが走らないという人が多い。

クラブが水平になるのは、リストを充分使っていないから。つまり、このフィニッシュはスライス系の形だ。

第2章

ショートアプローチ編

ショートアプローチには
スコアメイクのヒントが
詰まっている

ショートアプローチ：本書では、グリーンまで30ヤード前後の距離を想定しています。

08 アプローチこそダウンブローで打つ

ショートアプローチ編

ショートアプローチにはスコアメイクのヒントが詰まっている

30ヤード前後のアプローチでなによりも大切なのは方向性と距離感です。つまり確実にグリーンに乗せることができる方法をとるということです。それには、ボールを右足前に置いて、5番、7番アイアンのダウンブローのスイングで転がし、低い、ランを主体としたボールで攻めるのが最適です。クラブは7番アイアンがおすすめですが、いろいろ試して、距離感が合う番手を見つけるのがいいでしょう。

高く上げてピタッと止めるのはかっこいいですが、なかなか難しい。ミスと隣り合わせのテクニックです。しかも方向性も安定しませんし、距離感も相当の練習量が必要です。たとえ過去に成功の経験があったとしても、多分それ以上にミスの経験があるのではないでしょうか。ですから、より確率の高い、そして楽にできるテクニックを使うことが、スコアメイクのカギとなるのです。

アプローチのミスの代表的なものはダフりとトップです。ボールを上げようとして体が起き上がってしまうことに原因があります。フォローも無理にとる必要はありません。

30ヤード前後のアプローチはまず確実にグリーンに乗せることを考える。
それにはボールを上げるピッチショットより、低いボールのほうがいい。

手前のクラブが目標方向。奥のクラブはヘッド軌道のライン。このラインに対してクラブフェースをシャットにセット。左に行きそうだが、実際にはまっすぐかやや右に出る。

ボールは右足前。クラブヘッドを上から落とす。フォローは意識しない。

ダウンブローのアプローチ

インサイドにテークバックする。ヘッド軌道はインサイド・アウト。

距離感はじつは誰にでも備わっているもの。その感覚を信じる。

クラブヘッドを落とす感覚と、右肘の締めがこのドリルのポイント。安定した一定のスイングをするためだ。

▼

上の写真の状態から、クラブを水平にしたまま、パーに開いた左手の手のひらに右手のクラブのグリップエンドを当てる。

左手を少し持ち上げ、同時に右手を下げるようにして、クラブヘッドを落とす。腕の力を使うのではなくヘッドの重みを利用する。

右肘をぴったりと体につけておくには右手を内側にロールさせることになる。このドリルでクラブの動きと手の動きをマスターできる。

09

ショートアプローチ編

右ラインにボールを出す意識が鉄則

ショートアプローチにはスコアメイクのヒントが詰まっている

グリーン周辺からのアプローチです。この場合、一般ゴルファーはスタンスをスクエアあるいはオープンに、そして肩のラインとフェースをスクエアにするようです。しかし、それではピンの左に外しやすいのです。なぜかというと、プレーヤーは気持ちがピンに向いていいます。そうすると、インパクトでピン方向に出そうとする動きが出てしまい、それが引っかけを生みます。このアドレスはその動きが起きやすい構え方なのです。

私のすすめるアプローチは、ピンの右に打ち出す方法です。これは先ほど言った、左に外しやすいのを補正するという意味ではありません。実際に右に打ち出すのです。

使うクラブは7番アイアンです。まず、ピンの右方向に目標を設定します。次にこの目標に対してスクエアに、そしてフェースはシャットです。このフェースの向きが重要で、右に打ち出されたボールにはいわゆるフック回転がついていますので、緩やかに左に曲がりながら、そしてランもフックラインを描きながらピンに寄って行くのです。方向性も安定します。前項同様テークバックはインサイドに引く、インサイド・アウトのスイング軌

（P43につづく）

ピンをまっすぐ狙いたくなるが、それではかえって左に外しやすい。右からピンに寄って行くようなラインのアプローチが実際にピンに寄る確率が高い。

このスイングのフィニッシュ。左肘が抜け、肩が回っている。左肩をつり上げるのではなく回す。肩（体）の回転でストロークする。

道です。もちろん、ダウンブローのスイングになります。フォローをつくる必要はありません。インパクトでスイングを終わらせるつもりで充分です。

こういう短いアプローチの場合、スイングが小さいぶん左サイドが詰まりやすくなります。それを防ぐには、フォローで左肘を曲げることと、ダウンスイングのタイミングで左足のつま先を左にひねるのがポイントです。

左足先をツイスト

▼

左サイドが詰まらないスムーズな回転をするには、切り返しの時点で、左足のつま先を開く（ツイストする）といい。

右肘を体につけてストロークする。さらにインパクトからフォローで左手首を折り、かつ左肘を曲げて抜く。これらの一連の動きがヘッド軌道を安定させる。

ヘッド軌道はインサイド・アウト

ボール位置は右足前で、フェースはシャットにセット。インサイド・アウトの軌道で、ピンの右にボールを出す。右肘を体につけて、上体の回転でストローク。ダウンスイングの時点で左足つま先をツイストして、左サイドの詰まりを防ぐ。すくい上げる動きはしない。

第2章
10
ショートアプローチ編

「半分の先」を狙えば自然とカップに寄る

ショートアプローチにはスコアメイクのヒントが詰まっている

アプローチで大切なのは、じつはテクニックよりも考え方です。前の2項でテクニックを紹介しましたが、そのテクニックを活かす前提となる考え方を紹介しましょう。まず、グリーンのどこでもいいから乗せる、という考え方が大切です。そのためには方向性と、距離感が大切です。方向性の出し方は説明しましたね。そこでここでは距離感です。

距離感はじつは誰でも持っている感覚で、私は〝物差し遺伝子〟と呼んでいます。持って生まれたそういう感覚があるのに、失敗を恐れる気持ち、あるいはピンに寄せたいという欲、さらにはスコアへのプレッシャーなどで、うまく働いてくれないのです。とくにピンへの意識が強いと、強く打ってしまうことが多いのです。そこで私はピンまでの半分の距離の先、すなわち「半分の先」を狙うようにすすめています。ファーストバウンドを残りの距離の半分の少し先に届くようにするということです。

使うクラブは5、7、9番アイアンのいずれかで、長い距離のピッチ&ランです。前2項のショットと同様、体の回転を使ってストロークします。

距離はリラックスした状態であれば、誰でも合わせる能力を持っている。
それをコースで発揮するのが難しい場合は「半分の先」と言い聞かせる。

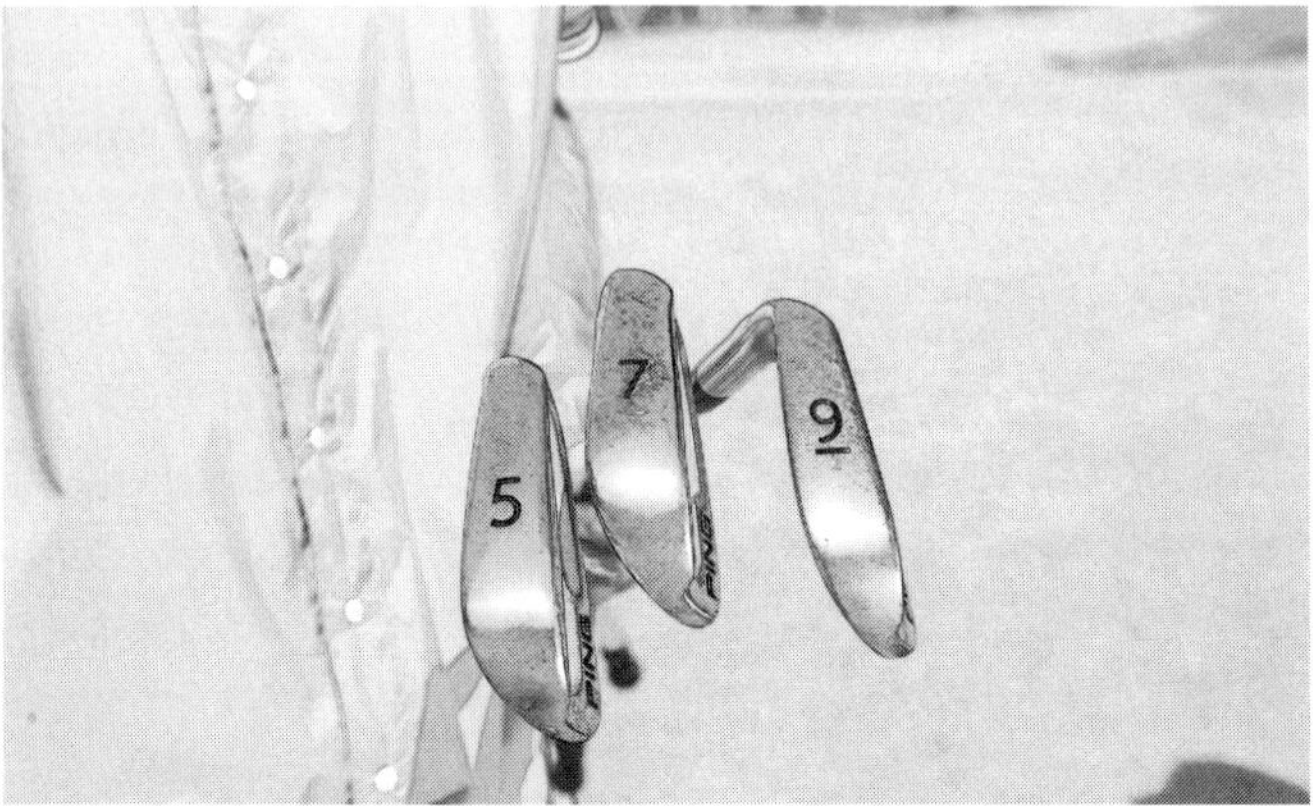

5、7、9番アイアンを使用した、長いピッチ＆ラン。7番アイアンから試してみるといいだろう。

膝を使ってフォワードプレス

スタンスはスクエア、ボール位置はスタンスの中央。フェースはスクエアにセットする。

前のコマのフォワードプレスで作ったインパクトを再現する。膝を柔らかく使える効果がある。

アドレスから、膝と手(グリップ部)を動かし、いったんインパクトの形を作って始動する。

11 カップの「周辺エリア」に入れる

ショートアプローチにはスコアメイクのヒントが詰まっている

グリーン周りのアプローチのケース。これもアプローチの考え方のひとつです。前項およびその前のテクニックは比較的経験のあるゴルファーがさらに精度を上げるための項目でした。この項では、アプローチが苦手という人に基本的な考え方とテクニックを説明します。

「周辺エリア」とは、カップを中心におよそワンピンの長さを半径にした広い円の範囲のことです。１００を切ろうとしているのですから、乗せるのは２パットで収められる距離の範囲であればいいわけです。たとえばパー4の場合、第3打がグリーン周辺で、そこからアプローチで4打目、そして2パットのダブルボギーとなる設計です。もちろん1パットで入ればボギーとなりますね。

はじめから1パット圏内を狙おうとするとプレッシャーがかかり、かえって寄らないものです。このような広いエリアを想定すれば楽にスイングできて、結果寄ってしまうこともあるのです。〝寄せようとすれば寄らず〟というのがゴルフゲームの本質です。１パッ

目標として広いエリアを設定する。1パット圏内ではなく2パット圏内で充分。それが意外と寄って1パットということもあり得る。

ト圏内に寄ったものがナイスアプローチではなく、そのあと2パットあるいは1パットで入ったとき、それがナイスアプローチだったということです。

簡単、確実。五角形アプローチ

さて、できるだけ確実に2パット圏内に入れるのにおすすめのテクニックがあります。私が〝五角形アプローチ〟と呼んでいるテクニックです。54〜55ページの写真のように、肩、両腕で五角形をつくり、そのままパターのようにスイングする方法です。

クラブは5番か7番アイアンがいいでしょう。ボールの近くに立ってクラブヘッドのヒールを少し浮かせたアドレスです。これでダフり、トップの心配はほとんどしないでみます。このアプローチ法は、グリーン周りから2打も3打もかけてグリーンオンしているビギナーのために考え出したものです。

私の基本的な考え方は、できるだけ寄り道せずに「第2エリア」にボールを運び、そこから3打以内で上がるというものです。それが、少ないスコアで上がる効果的なラウンド術なのです。それを実現するには、アプローチのショット選択の正否がカギになります。ですからさまざまなアプローチを説明しているわけです。アプローチに自信がつき、余裕が持てるようになると、ほかのショットにも余裕が生まれます。

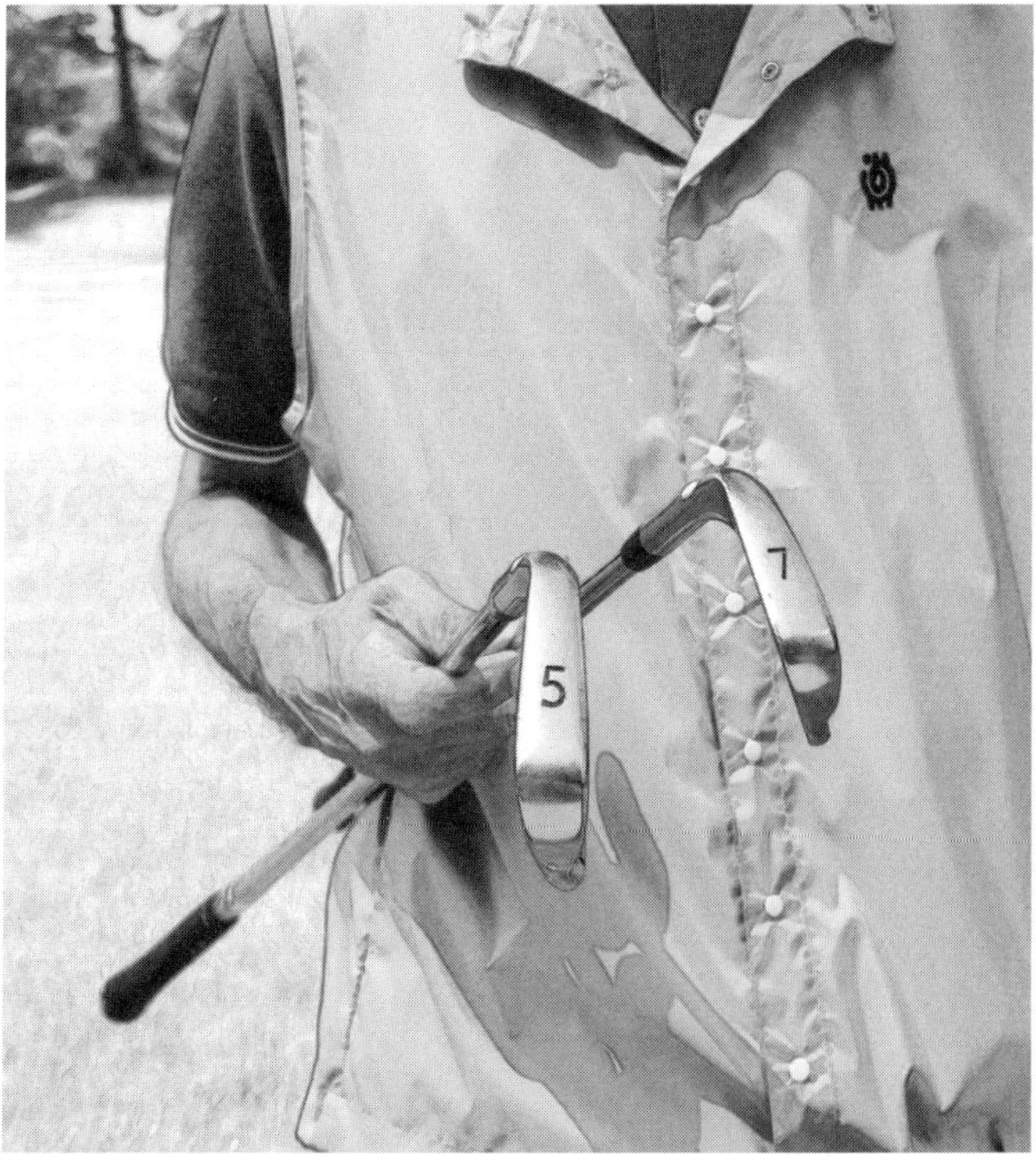

5 番、7 番アイアンを使ったピッチ＆ラン、あるいはランニングがベスト。グリーンの傾斜もわかるからだ。上げるボールは必要ない。

五角形アプローチ

肩、肘、手首で五角形を形作っている。クラブをつるようにヒールを浮かせて構える。

ボールはスタンスの中央。スタンスの向きはスクエア。両腕はリラックス。ボール近くに立つ。

いわゆる振り子のストロークで、クラブ軌道の最下点でボールを打つ。

五角形の形を保って、パターのようにスイング。リストを使いすぎないこと。

クラブの動きを知る「グーパー・ドリル」

左手を支点として右手でクラブを振る。右手の脱力を体感できる。

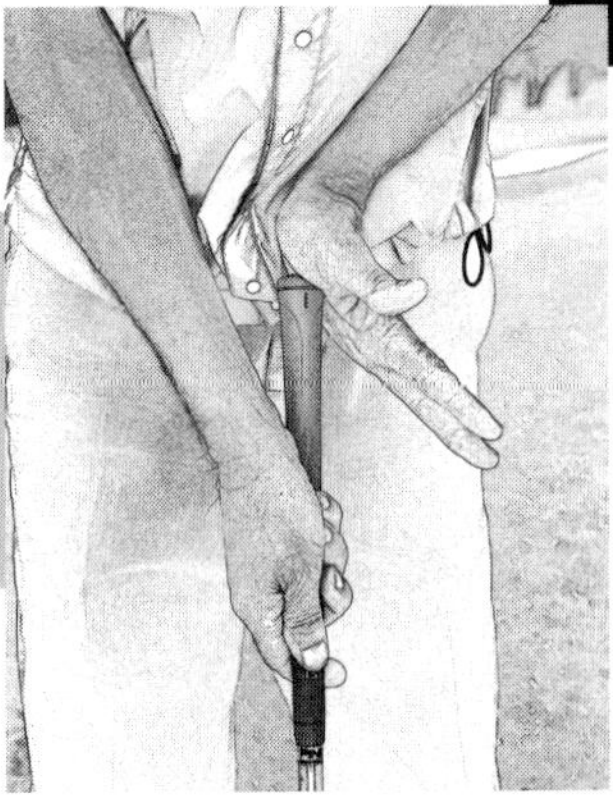

振り子スイングのドリル。左手は開いてグリップエンドに当てる。

12 バンカー越えのショートアプローチは9番アイアン

ショートアプローチにはスコアメイクのヒントが詰まっている

何だって！ そっちのほうが難しいだろうという声が聞こえてきそうです。ですが、実際はそうではないのです。

写真のようなバンカー越えのケースでは、ボールを上げたいということで、サンドウェッジを選択するのが一般的でしょう。しかし、サンドウェッジというのは距離を合わせるのが難しいクラブなのです。フルショットはできても、こういったコントロールが要求される場面では、ショートしてしまうことが多いのです。

こういう場面では、まずバンカーを越えること、次にグリーンに乗せること、そしてかなりハイレベルですが寄せること、こういう順番で意思決定をすべきです。そして100切りのためには優先順位の第1番をクリアすれば、それで充分なのです。

そこでよりやさしく、ある程度ボールが上がってくれる9番アイアンが最適というわけです。低めのボールになりますが、越えれば、グリーンに乗らなくても成功です。そこからアプローチして2パットの6で上がればいいのです。もちろん5もあり得ます。

このような状況では、まずバンカーを越えることが第一、その次がオン、寄せようとは考えない。上級者でも難しい局面なのだから。

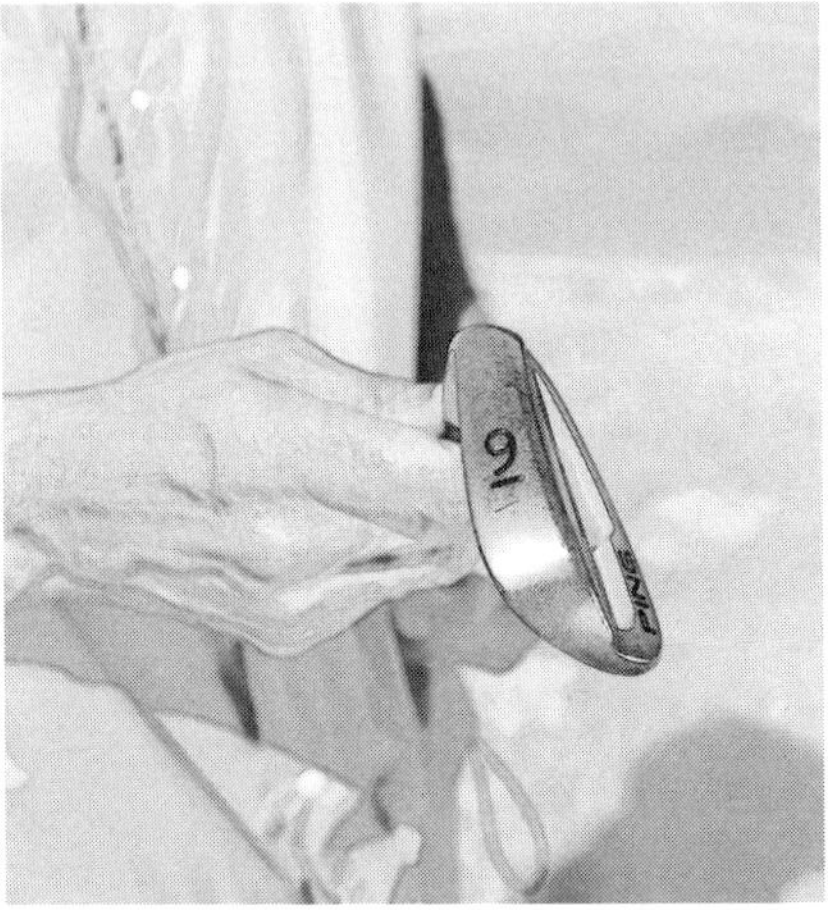

9番アイアンを使う。じつは大変便利なクラブで、転がす、上げると、なかなか使い勝手のいい番手なのだ。

9番アイアンでのストローク

コンパクトなスイングだから、ブレが少なくなり方向性も安定する。

ロフトが立っているぶんコンパクトなスイングになる。これもおすすめの理由。

ボール位置はスタンスの右足寄り。クラブフェースはシャットにする。スタンスはスクエアかややオープン。構えやすい方法で構わない。

上げようとしてはいけない。クラブが上げてくれる。オーバーしてもよし。

この章で繰り返し述べている、ダウンブローの要領でのインパクトが重要。

13 バンカーショットでSWのフェースは開かない

またまた、変なことを言っていると思われそうですが、このほうがうまくいくのですから、ゴルフは面白い。

なぜか。それは、エクスプロージョンショットをするのに、フェースを開いてはパワーが不足して、距離が出ないことが多いからです。

一般に、フェースを開いてスタンスをオープンに、そしてカットに打つというのがバンカーショットのやり方だと思われています。しかしそれでは砂（ボール）に上方向への力が強く働き、前方向への力が不足してしまうのです。それで距離を出そうとすると、スイングが大きくなり、その結果ミスが起こりやすくなるというわけです。

前項の例にならうと、まず出すこと、次に乗せること、そして寄せること、入れることというのがバンカーショットで成すべきことの順番です。いちばん大切なのは出すことですから、ボールに充分パワーを与えてやるにはフェースを開かないでショットするほうがよく、一発で出る確率が高くなるのです。

バンカーショットでサンドウェッジのフェースを開く必要はない。シャットにしたほうが出る確率は高い。それでも充分にボールは上がる。

シャットフェースのエクスプロージョン

ボールの手前にリーディングエッジを打ち込む。フェースをシャットにしているので、砂とボールに前方向への力が充分に働く。

スタンスはピン方向にセット。ボール位置はスタンスの中央。フェースをシャットにしてボールの手前にリーディングエッジを打ち込む。

上げようとしてはいけない。シャットでも充分ボールは上がってくれる。フォローも低めでいい。

インパクトで腰の開きすぎを抑えるために右足を後ろに引く（スケーティング）動きを取り入れる。これでボールがより上がりやすくなるのだ。

14 3メートル以上のパットはまず外せ

といっても、外し方があります。それは「プロライン」に外しなさいということです。プロラインというのは、フックの場合はカップの右側、一方スライスの場合はカップの左側です。そこを通過するか、あるいはふちに止まるように打ちなさいということです。

プロラインに外れるということは、ラインの読み、そして強さもほぼ合っているということです。ですから、入らなくても落胆する必要はありません。そのままの感覚で続けていれば、いつか入るようになるのです。パットは入れるというより、入る、あるいは入ってくれるというふうにとらえてください。入らないことが続いても、いつか入ってくれるさ、と鷹揚に構えるくらいでいいのです。

さて、例えばフックの場合、曲がりの大きさを読んで、カップの右側に目標を定めます。ここまではほぼ間違いなく誰でもできます。ところが、いざパットのストロークに入ると、どうしてもカップのほうに意識が行ってしまって、カップ方向に打ち出してしまうのです。この場合は引っかけ方向ですね。つまりアマチュアラインに外れてしまうというわけです。

フックラインの場合、想定したラインよりもさらに右側に出す。プロライン側に外したいからだ。そうすれば、カップに寄っていってくれる。

パターのフェースをオープンにしてストロークする。カップ方向への引っかけを出しにくくするためだ。

そこで想定したラインよりも大きめに外すことが、よりカップに寄る、あるいは入るパットのコツなのです。

フックはオープン、スライスはシャット

では、カップ方向に引っかける（フックライン）、あるいは押し出す（スライスライン）ミスを少なくするにはどうすればいいのか。それは、フックラインの場合は、フェースをオープンにすることです。逆にスライスラインの場合はシャットにすることで、想定ラインに忠実に、あるいはその外側にボールを出すことができます。外側に外れてもボールはどんどんカップに寄ってくれるわけです。もしかすると入ってくれるかもしれません。

パットは、入れたいという欲が出てくるとラインの読みが直線的になってきます。そうすると、アマチュアラインに外れてしまいます。アマチュアラインに外れたボールはどんどんカップから遠ざかってしまいます。つまり入る可能性もないのです。

完璧なパッティングストロークをしても入るとは限りません。逆にミスしたパットが入ってくれることもあるのがパットの不思議なところです。ならば、外す余裕を持ってOKの範囲につけ、そしてタップインというのが、プレーのリズムを保つためにも大切なことなのです。

スライスラインはカップの左側を通過、あるいは左側に止まるように打ちたい。そうすれば、カップに寄ってくれるから。

カップに意識があると、その方向に押し出してしまいアマチュアラインに外れてしまう。フェースをシャットにしてプロラインに乗せる。

15 パットのラインは線ではなく帯のライン

ショートアプローチにはスコアメイクのヒントが詰まっている

前項に関連して、ラインの話です。ロングパットのラインというのは線ではなく、幅を持った帯で考えると余裕が生まれます。

ネバーアップ・ネバーイン（届かなければ入らない）とよくいわれます。では届くようにするにはどうするか。それには実際よりも1ヤード先にもうひとつのカップを想定するのが、もっとも効果があります。そうすると、想定したカップに対するラインができます。カップが遠くなるのですから、実際のカップに対するラインより外側になります。その外側のラインと、実際のカップに対して読んだラインとで幅ができます。その幅の範囲に転がせば寄る、あるいは入る確率が高いということなのです。

実際のカップに対するラインは強いタッチで入るライン、外側のラインは弱めのタッチで寄る、あるいは入るラインです。ロングあるいはミドルの距離のパットの場合、入れようとする意識が強いと、オーバーするのが怖くてタッチが弱くなりがちです。そのときに寄ってくれるのがこのラインの読み方なのです。

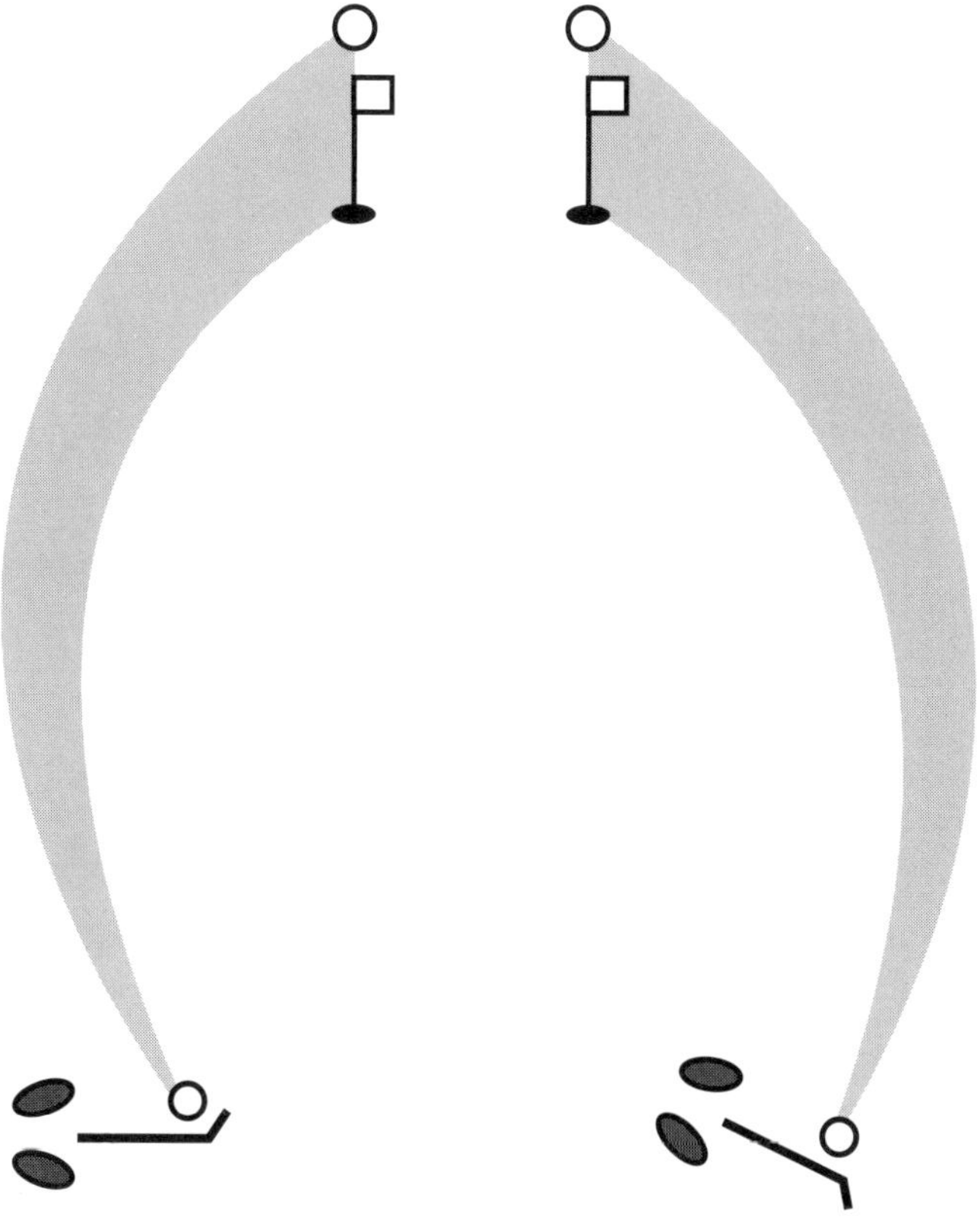

ラインは幅を持った帯で考える。そうするとプレーに余裕が生まれる。入らなくとも、「お先に」とタップインできれば完璧なパッティングといえる。入った、外しただけで評価してはいけない。

16 ショートパットは手前で止めるタッチが入るコツ

ショートアプローチにはスコアメイクのヒントが詰まっている

パットは不思議なもので、こうすれば必ず入るという理論はありません。ですから本書では、入る確率がより高い方法、あるいは入らなかったとしても次はタップインできて、外してもショックがあとを引かないような方法や考え方を提示しているわけです。

さて、手前で止めるタッチというのは1メートル半から2メートルのいわゆるワンピンの距離のパットの場合です。この距離というのは、入りそうな距離だし入れたい距離でもあります。とくにアプローチでここまで寄せたという場合には是非入れたいと思うでしょう。ところがそう思うほどに強いタッチが出てしまうのがプレーヤーズ心理というものです。それを防ぐには、手前で止めるタッチを心がけることです。これがこの距離のパットが入る確率の高いやり方です。

強く打ってしまい、それがオーバーしてさらに返しが…となると、ショックが大きくなりそれ以後のプレーに悪影響を及ぼしてしまいます。目の前の1打よりそれ以後のスコアの崩れを防ぎたいのです。そうしてしのいでいれば、チャンスはやってくるものなのです。

手前で止めるタッチが入る確率が高い。入らなかったとしてもタップインできればエネルギーを浪費しないですむ。それが次の好結果を呼ぶ。

このぐらいの距離は入れたいという思いが強く働くものだ。それでついつい強く打ってしまうことになる。入れたければ、手前で止めるつもりで打つ。

17 3パットをよしとする

ショートアプローチにはスコアメイクのヒントが詰まっている

3パットをするのはパッティングがヘタだからでしょうか。プロも3パットはします。彼らはヘタなのでしょうか。そうではないですね。パットにこうすれば必ず入るという理論がない以上、3パットをなくす方法もないのです。1パットで決めたくても決まらないのがパットです。3パットはなくそうとしてなくせるものではないのです。

初心者のころは3パットが少なかったでしょう？　それは、グリーンに乗らないから、ごく短いアプローチをすることになって、それから2パットで上がっていたからです。ですから、3パットを減らすいちばんいい方法は、パーオンしないことです。まあ、それは冗談として、一般的に、上達するにしたがって遠くからのグリーンオンの確率が上がってきます。すると、グリーンの端から長いパットをする機会が増え、その結果3パットが増えてしまうという現象が起きます。そういうわけで3パットが増えたのは上達の証ともいえるのです。3パットを完全になくすのは不可能ですが、これまで説明してきたパットのテクニックを参考にしていただければ、減らせるはずです。

ロングパットは帯のラインを想定してプロラインに乗せることが大切。入れようとしない。

入れたければ、手前に止めるタッチで。この距離でもプロラインを意識してエネルギーを浪費しない。

3パットめがタップインできるようならよしとする。これがダブルボギーであっても楽なダボだ。

第2章

18

ショートアプローチ編

自信を持ってパットするテクニックを伝授

ショートアプローチにはスコアメイクのヒントが詰まっている

パットにこうすれば必ず入るという方法はありません。ショートパットでも同様です。ジャック・ニクラウスも言っています。最後は自信を持って打つしかないと。

ただし、自分の予想したラインにちゃんと打てるかどうかはテクニックの問題ですから、練習で身につけることができます。パットはスムーズなストロークをすることがすべてと言っていいでしょう。そのための練習です。ラウンド前の練習グリーンでできます。

まずはフォローをスムーズに出す練習法です。ボールを3個用意し、パターのヘッドが入るより少し広めの間隔をあけて打ち出す方向に並べます。ボールぴったりにヘッドを置いて、フォローだけでボールを押し出します。これを連続して行います。肩や腕に力が入っているとうまくいきません。

次にはボール同士の間隔を少し広めにとって並べ、後ろのボールに当たらない幅のテークバックからストロークします。ゆっくりストロークしないとうまくいきません。うまくいかない人は、腕や肩に力が入っています。

（P78につづく）

フォロースルーのドリル

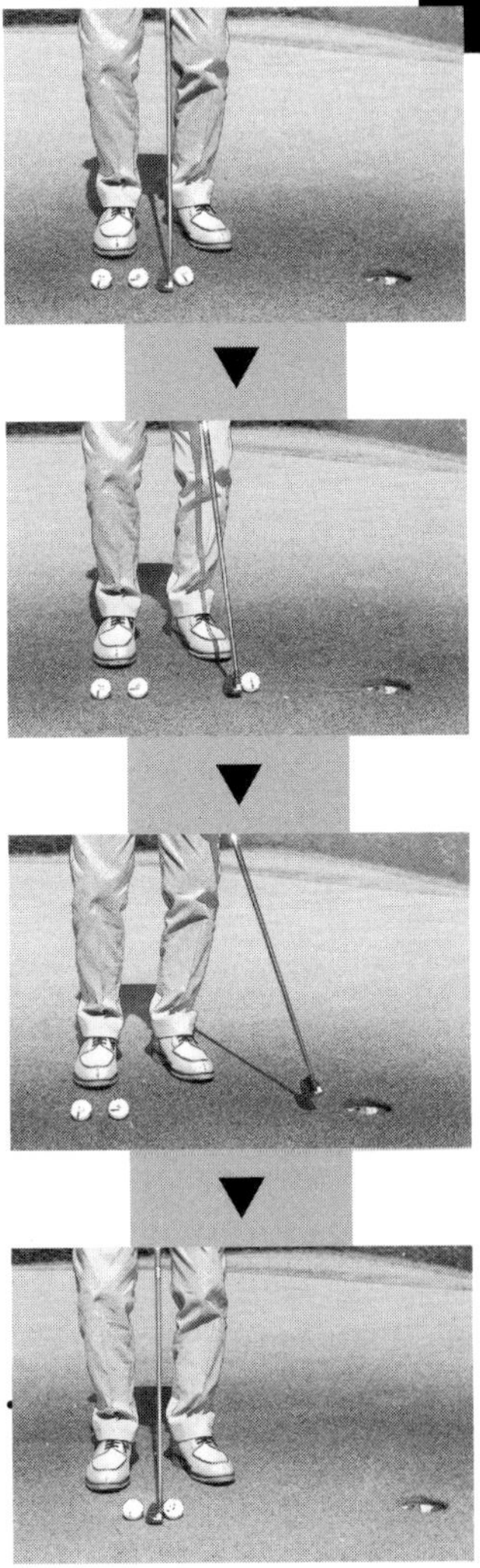

写真のようにボールを並べ、フォローだけでボールを運ぶ。カップ方向に長くフォローを出すのがポイント。できるだけストレートラインの場所を選ぼう。最後までフェースの向きを変えない、つまり手首、腕をリラックスさせることができているかどうかが確認できる。

テークバックのドリル

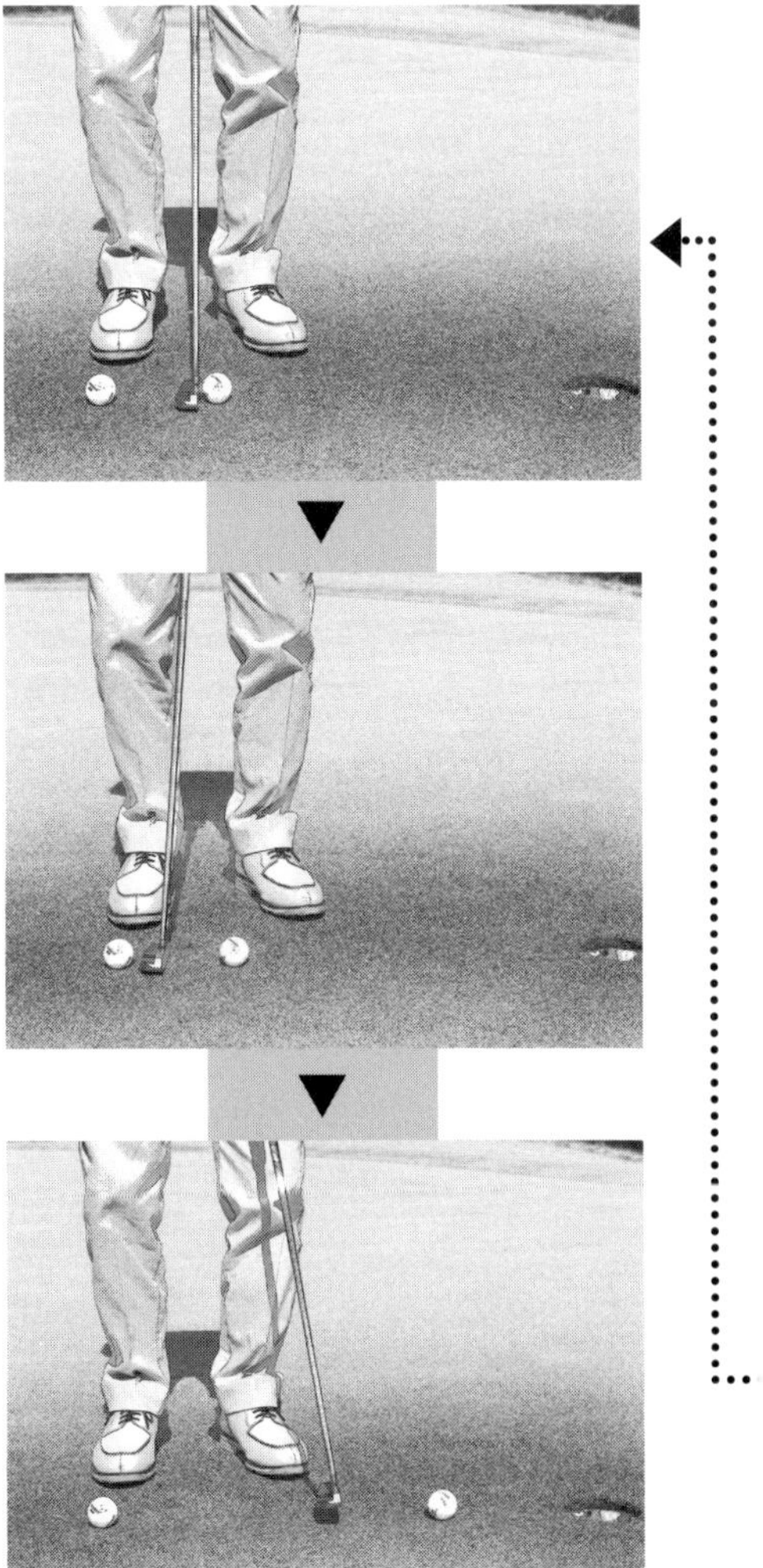

前の練習からステップアップして、テークバックを入れる。ショートパットで必要以上にテークバックを大きくとるクセの修正にも役立つ。後ろのボールに当たる直前でヘッドを地面に置いて、そこからストロークする。切り返しのときに一拍タメをつくることがスムーズなストロークのコツ。つまりここでも腕のリラックスが必要だ。

18 「30センチドリル」で自信がつく

自宅でもできる、パットに自信をつける練習法を紹介します。ボールを2個使います。2個のボールを30センチくらいの間をあけて置きます。一方のボールを打って、もうひとつのボールに当てるという簡単な練習法です。ストロークの強さは、はじかれたほうのボールが30センチ転がるくらいが基本です。

やってみるとわかりますが、これくらいの距離はいい加減にやってもボールを外すことはありません。リラックスしてさえいれば、皆さん、ちゃんとしたストロークができるということです。カップの大きさを知っていますか。ボールを2個半並べた直径があります。つまり、この練習でボールに当たりさえすれば、カップに入るということです。

ちなみにきれいにインパクトできて、一方のボールの中心に当たった場合、そのボールはきれいな縦回転でまっすぐ転がります。それを目指しましょう。

これもスタート前の練習グリーンでやるとラウンドで効果があります。練習グリーンが混んでいるときには端のほうでコツン、コツンとやるだけでストロークがよくなります。

絨毯やカーペットの上でできる練習法。ボール2個を30センチくらいの間隔をあけて置く。2個のボールをぶつけ合うだけ。

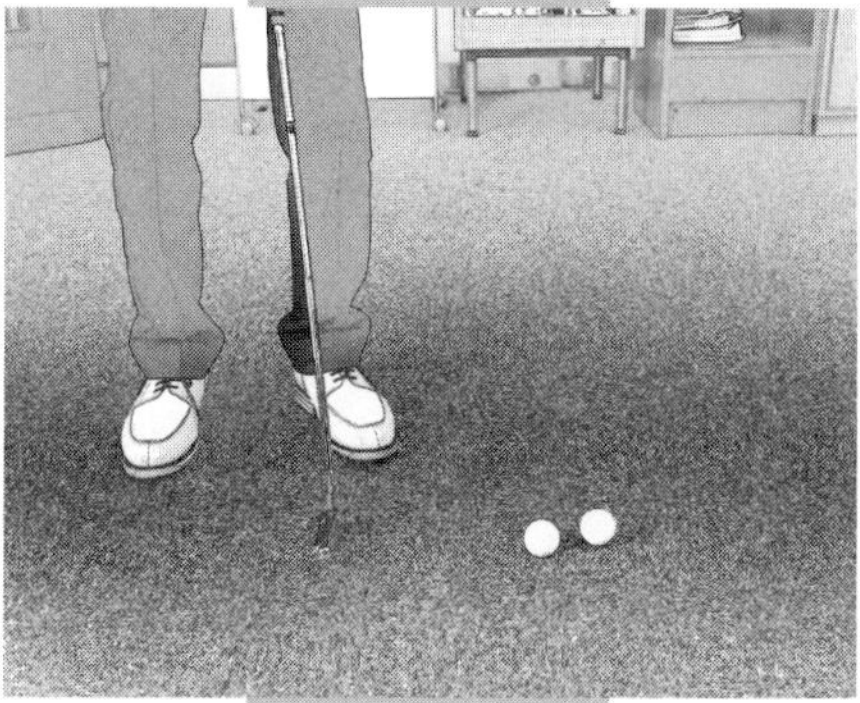

はじかれたボールがはじめの間隔と同じくらい転がる強さが基準。ピタッとくっつくタッチを試みるのもいい。

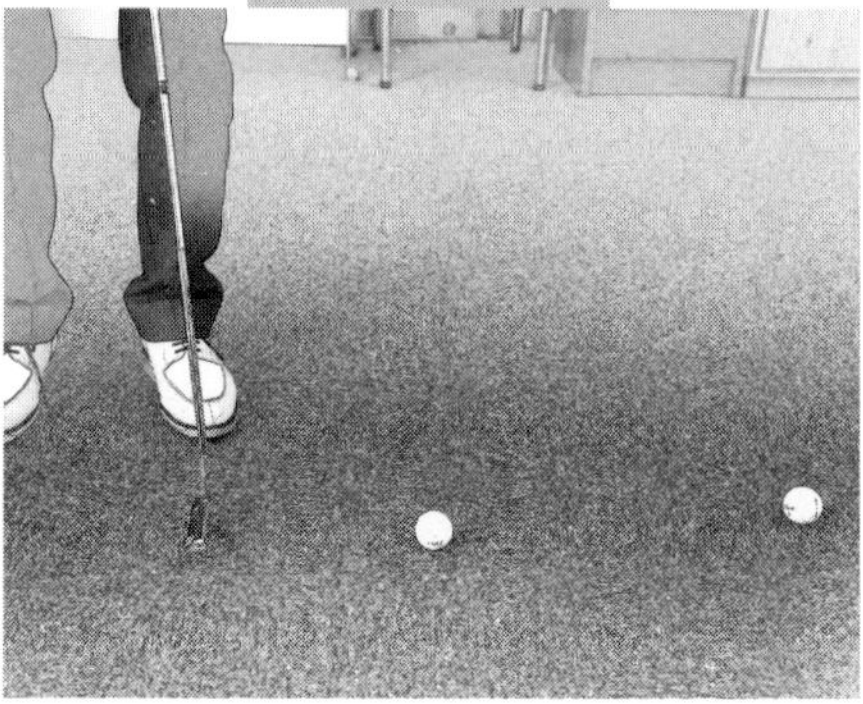

ボールに当たりさえすれば、それはカップに入るということ。いい加減に打ったつもりでも当たるものだ。これで自信がつく。

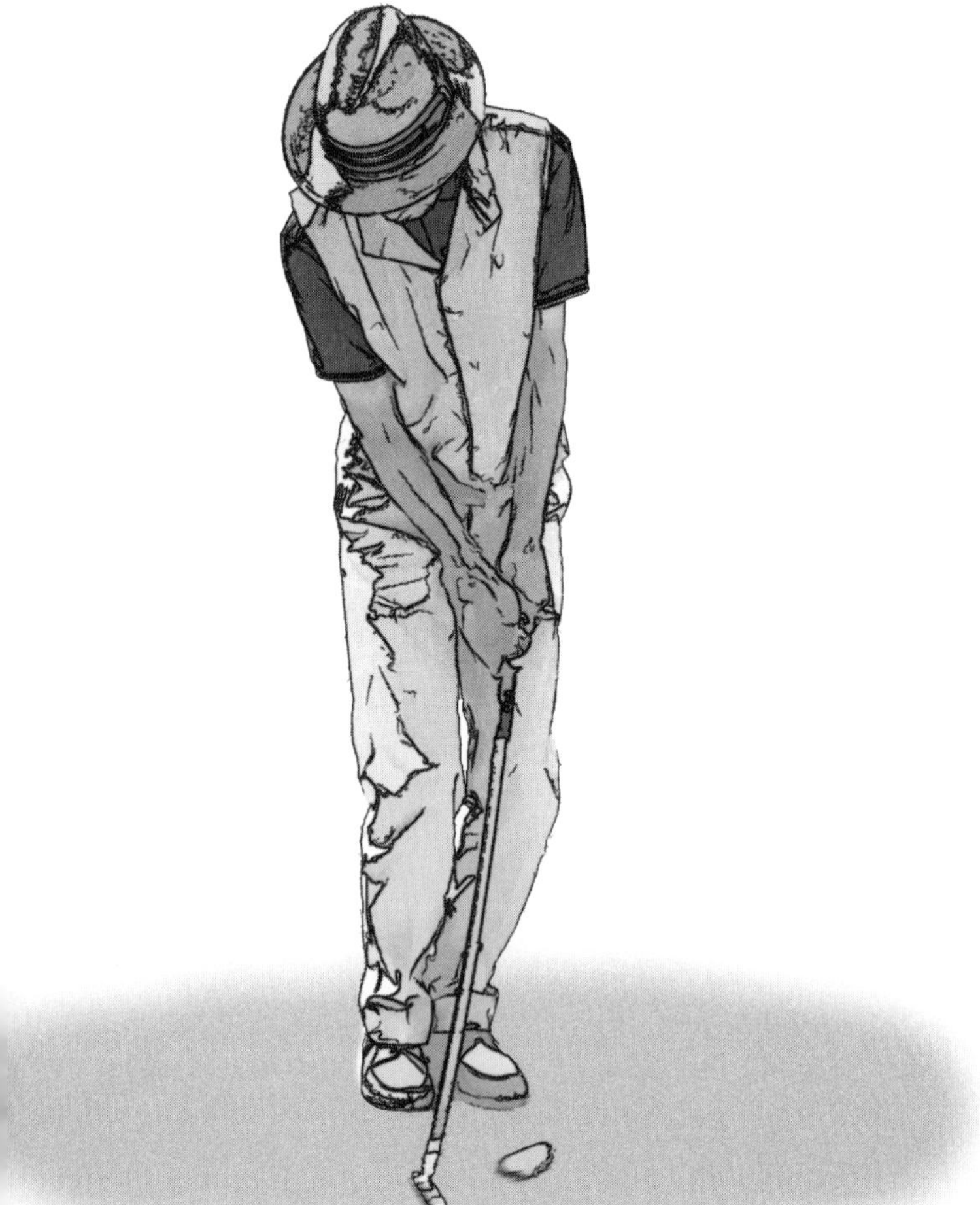

第3章
ショートゲーム編

ポイントは徹底してグリーンを狙わないこと

ショートゲーム：本書では、グリーンまで125ヤード以内の距離を想定しています。

19 スライスを活かす狙い方がある

ショートゲーム編　ポイントは徹底してグリーンを狙わないこと

持ち球のスライスを活かし、かつバージョンアップして正しく打つための技術です。大雑把ですが、スライスには2種類あります。私は「ハード」と「ソフト」と呼んでいます。前者はジャック・ニクラウスの「プルスライス」で、後者は、私が「我孫子打法」と呼んでいる、バックスピンを効かせてグリーンで止めようというボールです。

スライスには多くの方がいいイメージを持っていらっしゃらないようですが、プロでもスライスを多用しています。なぜかというと、スライスのほうがコントロールしやすいのです。フック系を持ち球としているプレーヤーには、ここというときにいわゆるダックフックが出てしまうことが多いのです。ですからスライスはケガが少ない、したがってスコアを崩すことの少ない球種なのです。これから紹介する「ハード」と「ソフト」の両方の打ち方を試してみて、フィーリングの合うほうを武器にしてください。

早速「ハード・スライス」から紹介しましょう。まず、アドレスです。スライスですから、グリーンの左エッジを目標にします。その目標線に対してスクエアにスタンスをとり

スライスを打つのだから、狙いはグリーンの左端。100ヤード前後でも乗る確率は低いもの。乗らないイコール失敗ではない。周辺であればよい。

第3章
19

ハード・スライスのスタンスはオープン。ボール位置はスタンスの中央。フェースはシャットにセットする。右足体重を保ってショットする。

ます。つまりピン方向に対してはかなりオープンになります。ボール位置はスタンスの中央で、フェースはシャットです。

シャットフェースだと左に行ってしまいそうですが、右に体重を残して、しっかりと体を回転させれば、スライスします。ニクラウスはショットのあと左足が後ろにバックステップするくらいです（いわゆる〝明治の大砲〟とは違います）。さらにニクラウスはピンの6メートル左を狙うと言っています。スライスがかからなくても、ピンの左6メートルにオンしますし、逆にかかりすぎてもピンの右6メートルにオンするというわけです。

ニクラウスほどの正確さを持ち合わせていない我々は、左エッジでいいのです。グリーンに乗せようとしてはいけません。乗れば

グリーンエッジの目標に対してスクエアなスタンス。

左足はつっかい棒の役割。積極的な体重移動はしない。

積極的に腰、肩を回転させる、この回転がスライスを作る。

右足に体重を残しているところがこのスイングのポイント。

フルショットはしない、方向性を優先することが大切。

左へ出てスライスで右に戻ってくるボールになる。

「ソフト・スライス」のアイアンショット

体重移動を積極的に行うので、先のハードタイプよりはニーアクションが少し大きくなる。

目標に対してクローズドスタンス、肩・腰のラインはオープン。大きめの番手のクラブを選択。

ラッキーで、乗らなくてもグリーン近辺であればいいと意識することが大切です。

ソフトなスライスで打ってみる

次に「ソフト・スライス」です。これはスピン量を多くして、グリーンに止まるボールを打つテクニックです。目標は同じくグリーンの左エッジで、その目標に対してスタンスをクローズ、肩と腰のラインはオープンにセットします。ボール位置は左足かかと前です。

正しいクローズドスタンスの取り方を説明しておきます。89ページ右下のように両足のかかとを揃えて立ちます。ボールはその中央です。次に右足をスタンスの幅に開き、さらに半足ぶん後ろに引けば完成です。必然的にボール位置は左足かかと前になります。

上から叩くようにスイング。しゃくり上げない。オープンにしているぶん上がってくれるのだ。

左サイドへ振り抜く。ボールは目標方向あるいは少し右に出る。高い弾道のスライスになる。

フルショットではない。方向性を重視したスイング。グリーン周辺であればよしとすること。

右へ出て右に曲がるボールになる。左脇の締まりに注目。ピンを狙わないことに慣れよう。

第3章
19
「ソフト・スライス」の体重移動

積極的に体重移動を使う。テークバックで大きく右足に乗るが、トップはコンパクトにする。

左足に体重を乗せながら上から叩くようにインパクトする。ニーアクションを使うことになる。

フェースはオープンにセットします。そして、右から、左に体重を乗せ換えながら上から叩くように左へ振り抜きます。フェースがオープンですから高いボールになりますし、スピン量が多いのでグリーンで止まってくれます。ただし、同じ番手でも距離は落ちます。私の場合ですが、１４０ヤードを5番アイアンで打っています。

　どちらのショットでも、フルスイングはしません。方向性を優先します。しつこいようですが、このとき決して、ピンポイントで狙わないようにしましょう。グリーン周辺でいいのです。乗せようと思えば乗らず、というのがゴルフゲームなのです。それでも乗ってしまった、ということが起こるのもゴルフの面白さです。

ヘッドを低く出す。しゃくり上げる動作は必要ない。

「ソフト・スライス」のクローズドスタンスのとり方

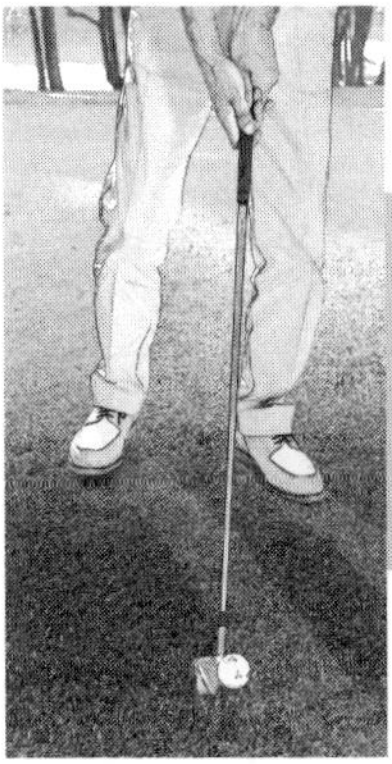

その右足を半足ぶん後ろに引けば、クローズドスタンスになる。

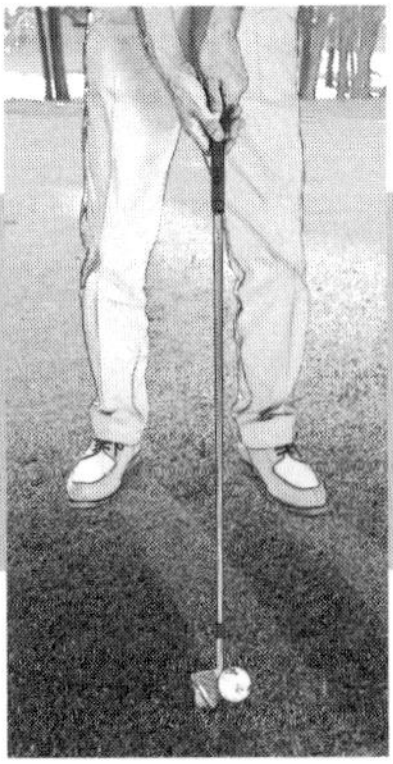

右足をスタンス幅のぶんだけ開く。左足かかと前のボール位置になる。

フェースをオープンにして、両足のかかとを揃えて立つ。ボールは両足の中央。

20 右か左か迷わず狙いを決める

ポイントは徹底してグリーンを狙わないこと

狙いを決めるということはショットを打つ前の迷いをなくそうという意味です。自分のプレーを振り返ってみてください。気持ちの整理がついていないときのショットにミスが多いはずです。もうひとつ、グリーン周りの状況を観察しなさいという意味もあります。残り100ヤードになるともうピンしか見ていないゴルファーが多いのです。

この距離でもグリーン周辺の「第2エリア」にボールを運ぶのが基本です。残りの距離が長い場合は「第2エリア」のどこでもいいのですが、この距離であれば、狙いを左右に絞ってショット前に整理しておくのがミスショットを少なくするのに有効です。

狙う方向はピンの位置と自分の球種、つまりスライスかフックかによって変わります。ではピンがグリーンの右で、スライスで攻める場合を説明しましょう。この場合は、グリーンの左端を目標にするのが正解です。なぜかというと、スライスがうまくかかればピン方向ですし、かからなかった場合でも左サイド方向ということになります。グリーンの左端あたりか左のエッジ、悪くてもその外のラフですね。

残り距離は100ヤード。誰もがグリーンにオンさせたいと思うところだ。ピンはグリーンの右寄りに立っている。スライスならグリーン左端を狙うのが正解。

グリーンの左端を目標に設定。まっすぐ行ってしまったとしても「第2エリア」内。いつもどおりスライスすればピンに近づく。

では反対に、グリーンの左にピンがある場合、スライスではどう攻めるのかというと、それはグリーンのセンターに目標を定めるのです。スライスがかかるとグリーンの右サイド方向で、かからなかった場合はグリーンセンターです。それならピンを狙えば、かかったときにはセンターで、かからなかった場合はピン方向になるのでは？と思われるかもしれません。そのとおりです。ですが、このケースでは注意が必要です。スライサーといえど引っかけが出る恐れがあるからです。前述したようにゴルファーはピンに意識が行きやすいのです。そのためスライスを打とうと思っていても、ピン方向に打ってしまうことがあるのです。スライスがかからないミスはいいのですが、引っかけはトラブルになる可能性があります。それを避けるためにグリーンセンターを目標とするのです。

どちらのケースでもグリーンを外れた場合、当然ピンより離れたエリアになります。アプローチをすることになりますが、じつはアプローチは距離があるほうがやさしいのです。どうしてかというと、距離があるほうがボールを上げる、転がす、ピッチ&ランと選択肢が多いからです。加えて、スイングがある程度大きくなりますから、微妙なタッチを必要としません。ピンが近いと、スピンをかけなければならなかったり、あるいは微妙な距離感を必要としたりと難しいのです。

ピンがグリーンの左寄りにある。スライスの場合、グリーンの右半分を狙うのが正解。右に外すことをしっかり決めておかないとトラブルに陥りやすい。

グリーンのセンターより右側に向かってアドレスする。ピンに意識があると、右に大きく外してしまったり、引っかけてしまったりのミスが出やすい。

21 どんな場合でもグリーンを狙わない

グリーンに近くなると、乗せなければならない、乗って当然と多くのゴルファーは考えます。そして乗らなかった場合、それをミスショットと判定してしまいます。まるでゴルフにはナイスショットとミスショットの2種類しかないとでもいうように。ちょっと待ってください、そういう白黒をはっきりさせようとする考えが、自分自身にプレッシャーをかけているのですよ、それがミスショットを招いているのです。

ではどうするのか。それはグリーンを狙わないことです。それがナイスショットの呪縛から自分を解き放ってくれるのです。グリーンを広く考え、だいたいあの辺でいいと大まかな目標に切り替えましょう。左の「第2エリア」に運んでそこから3打で上がるというのが100を切るゴルフの基本です。アプローチ、あるいはバンカーから出して、2パットというわけです。そしてそのエリアでいいと思って打つと、乗ることもあるのです。狙っていると乗らないのに、狙わないと乗ってしまう不思議。それは、広いエリアで考えることによって、心理的な負担が軽くなったことによる効果だと考えています。

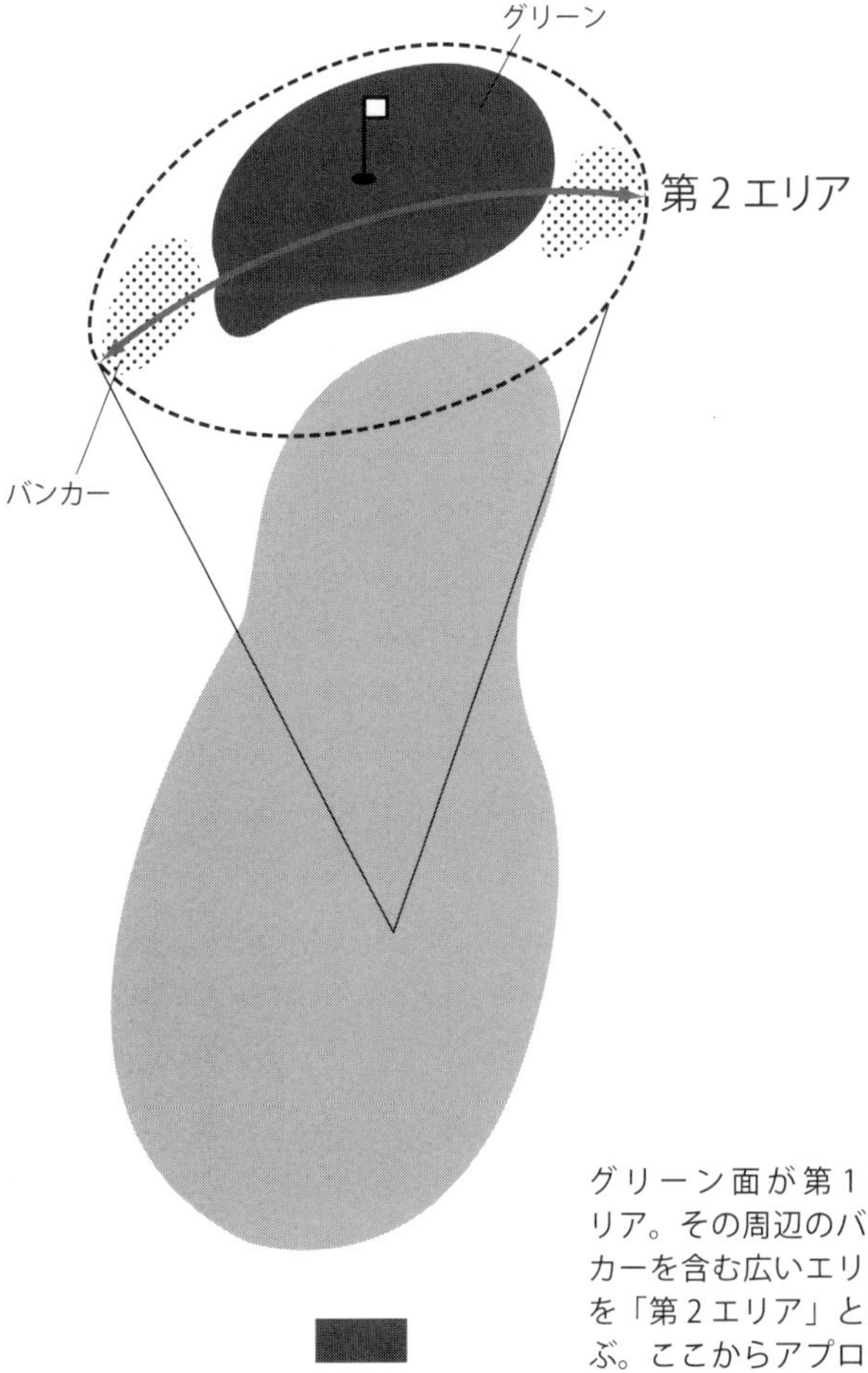

グリーン面が第１エリア。その周辺のバンカーを含む広いエリアを「第２エリア」と呼ぶ。ここからアプローチ、それに続くパットの合計３打で上がるというのが本書の基本。

22 パーオンするな、手前から転がすピッチ＆ランが基本

ショートゲーム編　ポイントは徹底してグリーンを狙わないこと

何度も繰り返しますが、90台のスコアを出すには１００ヤードから無理にオンを狙う必要はありません。ウェッジを使ってピタッと止めることに憧れる気持ちはわかりますが、それはぐっと我慢して、いまはいいスコアをつくることを考えましょう。スコアをまとめる自信がつけば、そういうこともやってみようという余裕が自然に出てきます。

では、スコアを崩さないためにはどうするか、それはピッチ＆ランです。アプローチのところでも紹介したように、方向性を優先してまず確率よくグリーンの近くにボールを運ぶことが大切なのです。

使うクラブは距離によって8番、9番アイアン、そしてピッチングウェッジでもいいでしょう。少し大きめの番手でゆっくりしたスイングをすることがコツです。

目標はグリーンの左エッジに設定します。その目標に対してスクエアにスタンスをとります。ボール位置はスタンスの中央です。そして、フェースはピンに対してスクエアにセット、ということは自分から見るとフェースはオープンになっているということです。

（P１００につづく）

グリーンまで 100 ヤードを切った、乗せたい場面。しかし、より確実な方法を選ぶ冷静さが必要。大きめのクラブでピッチ＆ランをするのがベスト。

スタンスはオープンで、フェースはピンにスクエア。したがって自分から見ると、フェースはオープンになる。

左足体重。コンパクトなスイングに共通している、右肘を体から離さないということはここでも重要なポイント。

上からヘッドを落とす、ダウンブローはここでも共通。左足を軸にした回転で左サイドに振り抜く。

コンパクトなスイングでグリーン周辺へ運ぶ。オンを狙っていなくても乗ることもある。それがスコアをつくるゴルフ。

スタンスが決まったら、左足体重で、その左足を軸としてスイングします。ですから、左サイドに振り抜くことになります。どのスイングにも共通していますが、ヘッドを上から落とす、いわゆるダウンブローのスイングを忘れないでください。

クラブの番手を大きくしているのですから、当然スイングはコンパクトになります。基本は9時から3時のハーフスイングです。このスイング幅で届くクラブの番手を選択するというわけです。こうするとピンの左側に出て、ピン方向にスライスするボールになります。

このショットだと、距離の誤差が出るだけです。左右に大きく外してしまうより、エネルギーを使わない楽なゴルフができます。そういうプレーがスコアをよくしてくれるのです。

転がすほうが、楽でしかもオンの確率が高い。

スイングは9時から3時の左右対称の振り幅。このスイングで番手ごとの距離の変化を把握する。

9時から3時の振り幅を基本として、自分の感覚で決める。要はゆっくりとした、力みのないスイングをすることが大切。

23 サンドウェッジは使わない

ショートゲーム編　ポイントは徹底してグリーンを狙わないこと

グリーンに近づいて、そう50〜60ヤードくらいでしょうか。多分、皆さんはサンドウェッジを手にすることと思います。ピンにぴったり寄せようとして…。

さて、その結果はどうでしょう。私が見てきたゴルファーの多くは、こういう場合に引っかけたりあるいはショートしたり、さらにはオーバーしてしまったりしています。というのも、サンドウェッジというのは100切りレベルのゴルファーにとってバンカー以外のところで使うのは非常に難しいクラブなのです。ロフトが大きいクラブは、ちょっとした打点のズレで距離のブレが大きく出てしまいます。しかも引っかけやすい。それなら、とフェースを開くとバウンスが大きくなるので、はじか

スコアをつくるには、9番のピッチか7番の転がしを選択するのが最適。

９番アイアンのピッチショット

スイングはコンパクトに、しかしトップで充分に間をとること。打ち急ぎをしないためだ。

フォローは意識しない。グリーン手前でバウンドさせて、転がって乗るイメージで距離感を出す。

れてトップしやすくなります。そういう構造なのです。この距離を制するには9番アイアンによるピッチショットか7番、あるいは5番アイアンのランニングを選択すべきです。

9番アイアンというのは使い勝手がいいクラブで、適度なスピンをかけることもできますし、ロフトを立ててグリーン周りからの転がしのアプローチにも使えます。プロのようにサンドウェッジで低く出してランを出すのはテクニックが必要です。それにランを出すつもりが、スピンが効いて止まってしまったということはありませんか。一般のゴルファーは、100ヤード以内は9番アイアン1本ですむといってもいいでしょう。そのほうがスコアはまとまるはずです。

スイングはショートアプローチ編の項目で紹介したスイングと基本的には同じです。103ページが9番アイアンのピッチショットです。ボールを右足前に置いて距離に応じたスイング幅でショットします。もちろんダウンブローです。ただしバックスイングはゆっくり、充分に間をおいた、余裕のあるテンポにするのがポイントです。トップが小さいと打ち急ぎになります。左ページは7番アイアンのランニングです。9番アイアン同様ゆっくりしたリズムで打ちます。どちらの場合も大きなフォローはいりません。

7番アイアンのランニング

ランニングも9番アイアンのときと同様、ゆっくりしたテンポを心がけよう。

フォローも小さい、9時から3時の左右対称のスイング。アプローチの延長ととらえる。

24 敢えてバンカーを狙っていけ

ショートゲーム編　ポイントは徹底してグリーンを狙わないこと

バンカーを嫌うと、バンカーに入ってしまう。これもゴルフゲームの不思議のひとつです。狙っているライン上にバンカーが見えたとき、いやだなと思いますね。そうすると頭の中にバンカーに入ったときの映像が作られ、そして実際に入ってしまう、ということらしいのです。いい想像は当たらないのに、悪い想像は当たってしまうというわけです。

それを解決するには、バンカーそのものを狙うということしかない。そうすればバンカーに入らないという手品のような話ではなくて、いわば免疫をつけようというわけです。避けようとして入ってしまうより、狙って入れてしまおうということです。

バンカーショットの打ち方（第13項）ができれば、出して、そこから2パットとスコアが読めるではないですか。バンカーをいやがって大きくグリーンを外してしまうよりは、バンカーを狙えば少なくとも「第2エリア」内には運ぶことができます。バンカーに届かないクラブで打つ、あるいは花道に置くという方法もありますが、それらでは消極的過ぎます。バンカーに入れてもボギー、ダボですむのでスコアをつくることはできます。

バンカーをいやがると、自然に体が反応してしまい、思わぬところへ打ってしまうことがある。敢えてバンカー方向へ打つ、と意識を変えよう。

大きめの番手のクラブで、ゆっくり打てば、転がって入り、次のバンカーショットがやさしい。

バンカーを越えさせようと、短めの番手で高いボールを打つと、ミスしたとき目玉になりやすい。

25 グリーンで止まるショットは打とうとしない

ショートゲーム編　ポイントは徹底してグリーンを狙わないこと

グリーン面に直接キャリーさせて、それで止まるボールというのはかっこいいですね。ですが、そうするためには高くかつスピンの効いたボールを打つ必要があります。

そのことは誰でも知っているようで、皆さん、盛んに高いボールを打とうと頑張ってスイングしています。その結果、トップ、ダフり、引っかけとミスを続けています。それはしかたがないことで、何回かはうまくいった経験があるわけです。だからそれが正しいのだ、そうしなければならないのだと思い込んでしまっているのですね。

でもそれはかなりハイレベルなゴルフであって、一般ゴルファー、それもスコアメイクを目指しているゴルファーにはおすすめできません。風が強くグリーンも硬い英国のゴルフは、どうやってグリーン周辺にボールを運ぶかが重要になります。つまり3オン1パットがゴルフの基本スタイルなのです。しかも風が強いので高いボールではなく低いボールが主流になります。それでグリーン手前から転がして乗せるのです。確か青木功プロだったと思いますが、ゴルフはゴロフだと言っています。言い得て妙ですね。

スピンをかけて止めようとしない。とくに花道が開けているホールでは転がしを第一に考える。

そのホールの残り距離から10 〜 20 ヤードを引いた距離で考え、そのあたりを落とす目標にする。

ボールを上げようとしないこと。22 項で紹介したピッチ & ランのテクニックを参照してほしい。

ピッチショットにはシビアな距離感が必要だが、これはアバウトな距離感で好結果をもたらしてくれる。

ボールを上げようとしないことが大切。ボールは右足寄りに置いて、フォローは左サイドに低く出すスイングをする。

プロの真似をしない

私がこの本を通してお伝えしたいのは、一般のゴルファーには一般のゴルファーのゴルフスタイルがあるということです。プロがこうしているからとか、最新のスイングはこうだとかの情報に惑わされてはいけません。プロゴルファーと皆さんとではあらゆる点で大きな隔たりがあるのです。

ですから、プロゴルファーと同じことをやろうとするのは無理があります。ジャック・ニクラウスはこう言っています。

「ゴルフは可能性、安全性のゲームである。妙技を競うゲームではない。妙技を披露しないですむプレーこそもっとも尊ぶべきプレーである」

手元を低く保ってスイングする意識を持つ。フルショットは必要ない。コンパクトなショットで正確性を優先する。

ボールを上げようとすると、左サイドが伸び上がり、それがさまざまなミスショットの原因となってしまう。

つまり、華やかさは必要ないのです。

とはいえ、一般ゴルファーのゴルフの楽しみ方はいろいろです。その日のラウンドでドライバーが一発飛べば満足だという人もいるでしょう。誰もがそれぞれの楽しみ方をできるのがゴルフの面白さですから。

ですが、本書を手に取ってくださった方は90台というスコアへ挑戦しようとしている方だと思います。そのスコアを達成するのにプロ並みの高度なテクニックは必要ないのだということを知っていただきたいのです。だからといって本書で紹介していることは90台レベルにしか通用しないのかというとそんなことはありません。80台、いやそれ以上のレベルにも充分通用する、いわば基礎的なテクニックであり、思考法なのです。

さて、グリーン手前にファーストバウンドさせるといってもいきなりは自信が持てないでしょう。そこで練習のしかたを工夫しましょう。まず練習場では2階を選びます。ボールの落下地点が見やすいからです。目標点を決め、その手前にキャリーさせて、転がって目標点に達する様子を観察します。こうして距離感を養ってください。いや本来持っている距離感を目覚めさせてほしいのです。番手を換えて練習するとなお効果的です。

ボールの動きを観察するには2階の打席が適している。目標の手前にファーストバウンドさせ、ボールの動きを観察することで距離感が目覚める。

26 スコアとは決して闘わない

スコアが大事だと言っておきながら、何だ矛盾しているじゃないかと言われそうです。言い換えると、ひとつひとつのプレーに一喜一憂しないということになるでしょうか。

たとえば、ティショットがフェアウェイで他の人より飛んだとします。するともう次はグリーンに乗って、するとバーディは無理でもパーは確実かな、などと先の計算をしてしまうでしょ。それを私は先行意識と呼んでいます。意識は先のほうへ飛んで行ってしまって、もう自分の中にはないわけです。

そしてセカンドをミスすると今度は、ああもうだめだ、あんなにいいティショットを打っておきながらパーがとれないとは恥ずかしい、となってしまうのですね。そういう無益な数字との格闘は必要ないのですよ、と言いたいのです。

ナイスショットがスコアに直接結びつくわけではないのです。逆にミスショットが好結果になることだって多いのです。スコアの先読みをしないで、ひとつひとつのプレーを丁寧にすることが、結局いいスコアを出すことにつながるのです。

乗せればパーはかたいぞ。
そうすれば
100を切れるかも。

乗ればパーだ、などとスコアの先読みは必要ない。意識を目の前のプレーに戻す。やるべきことは「第2エリア」に運ぶことだと意識を切り替える。

第4章
セカンドショット編

“飛ばす”から
“運ぶ”への意識改革

27 セカンドショット編

スライスはあなたが思うほど悪いボールではない

〝飛ばす〟から〝運ぶ〟への意識改革

ドライバーはフックで距離を稼ぎ、アイアンはスライスでグリーンに止める、などといったい誰が決めたのでしょう。もちろん自由に打ち分けられるに越したことはないのですが、すべてがスライスボールでも充分スコアをつくることはできます。

もうひとつ、スライスは初心者のボールということが言われていますが、それは第1章で紹介したように初心者は目標の取り方、スタンスの向き、フェースの向きが間違っているからです。ちゃんと意図したスライスであればなんら恥ずべきことはないのです。

スライスには大きく分けて2種類あります。「プッシュスライス」と「プルスライス」と私は呼んでいます。前者は多分もっとも多くのゴルファーが打っている球筋で、打ち出しが右でさらに右に切れるスライスです。後者は私がおすすめしている球筋で、左に出て右に切れるスライスです。状況に合わせて使い分けたいところです。たとえば、左がOBでそちらには絶対行かせたくないという場合はプッシュスライスが有効です。一方その逆のケースではプルスライスというように、それぞれの特長を活かしてプレーしましょう。

フェアウェイからウッドを使ってのショットは、左の林に向かって出て行き、右に戻るプルスライスを使ってフェアウェイを広く使う。

フェアウェイからのミドルアイアンショットの例。フェアウェイ中央にある木を避けたポジションにプルスライスで運ぶ。

ショートアイアンになるとクラブの構造上(フェースが返りやすく、つかまりがいい)プルスライスが打ちにくい。プッシュスライスで。

28 フルスイングはしない

セカンドショット編 〝飛ばす〟から〝運ぶ〟への意識改革

セカンドショットの注意点です。とくにロングホールの2打めがそうですが、皆さん、グリーンに届くような気になって打っていませんか。自分の最大飛距離より遠いにもかかわらずです。見通しのいいロングホールではそうなるものです。それがゴルファーの本能なのです。その本能の赴くままにプレーするとどうなるか。結局はミスをしてコースをジグザグに進んだり、いわゆる〝尺取り虫〟になったりしているのが実情でしょう。

ロングホールのセカンドショットはまず、フェアウェイの、次のショットが打ちやすいところへ運ぶのが鉄則です。一般ゴルファーに多いのがロングホールでのスコアの乱れですが、このセカンドショットで力んでしまうのがその原因です。

セカンドショットで失敗しないためには、フルスイングをしないことです。そのためには方向性の安定した、いわゆるパンチショットが最適です。

まず狙う方向です。ピンポイントで狙っては、プレッシャーがきつくなるだけですから、余裕を持って、フェアウェイの幅であればどこでもいいぐらいに考えます。そしてその中

狙いは左の斜面の中央あたりから右の林までの広い範囲でいい。ピンポイントではない。

アドレスは、上で想定した、ショットの左右の範囲の中央に向かってスクエアに構える。

パンチショットの基本的な構え。ボールは右足の前、スクエアスタンス、シャットフェース。

央の線に対してまっすぐアドレスします。ボール位置は右足前にして、クラブフェースはシャットにしてセットするのです。

第4章
28

低くランのあるボールを打つ

スイングは何度も登場しているダウンブローで、スイングの大きさは126～127ページの写真のようなスリークォータースイングです。シャットフェースにしているぶん、フック系の低いボールになります。ランがありますから、フルスイングしなくても意外と距離が出ます。ですから、これは是非とも覚えていただきたいテクニックのひとつです。

このショットの場合、右手の使い方がポイントになります。簡単に言うと手首のロールを使わないということです。トップでつくった右手のコックを保ったまま、右手の手のひらでボールをつぶすように下ろしてくるイメージです。その右手の動きを邪魔しないように左腕は早めに畳みましょう。左ページは私が「かめはめ波」と名付けたドリルです。このドリルでもわかるとおり、腕と上体(肩)をしっかりと回すこともポイントのひとつです。手打ちではなく、腰・体を回転させて打ちます。左サイドが伸び上がって腰の回転を止めると引っかけになってしまいます。フィニッシュにも注目してください。右肩が下がったままですね。このように打ったあとボールを見送るようなフィニッシュを目指してください。

「かめはめ波」のドリル

「かめはめ波」と名付けたドリル。通常のトップで右手の甲がつくる角度を再現する。その角度を保ってスイングする。

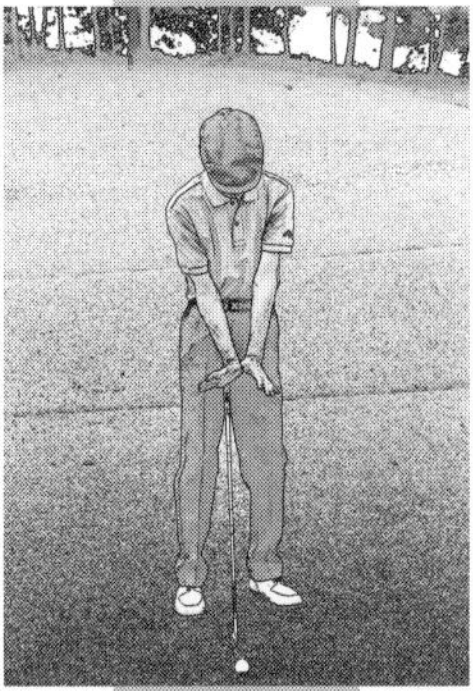

右手の角度を保ったままボールを右手の手のひらでつぶすように押し出す。正面がインパクトポイント。

右手の角度を保ったままフォロー。右手が伸びるぶん、左手はそれを邪魔しないように畳む。

フェアウェイの先のどこかでいいというリラックスした思考で、グリーンに届かせようとしない。

▼

フルショットはしない。トップはこの程度。このときの右手の手首の角度を保ってスイング。

積極的な体重移動はしない。この位置から次のコマまで「かめはめ波」ドリルが活きてくる。

右手を伸ばしボールをつぶすようにインパクト。左サイドが伸び上がらないように。

左腕を畳む。上体・腰・肩の回転を止めないで、低いフィニッシュを心がける。

29 150ヤード飛べば充分である

〝飛ばす〟から〝運ぶ〟への意識改革

たとえば、パー4のセカンドショットの残り距離が180ヤード。ロングアイアンかフェアウェイウッドでナイスショットなら届きそうな距離です。一般的には、アイアンなら3番か4番、ウッドなら4番、あるいは5番を手にするところでしょう。ですが、アイアンはちょっとのミスヒットで50ヤードのチョロということが起こります。ウッドなら、ミスをしても100ヤードは前へ行ってくれます。ですからこういう場合には、私はウッドクラブを選択することをおすすめします。ただし、フルショットするのではなく、確実にフェアウェイの150ヤード先にボールを運ぶことを意識します。こういう状況では10回に1回の確率のナイスショットではなく、10回中8回は打てるという安定した、自信の持てるショットが必要になるからです。

このショットのポイントは、クラブを短く持つことだけです。そして、フルショットではなく、ハーフあるいはスリークォーターのスイングで150ヤード先のフェアウェイか、「第2エリア」に「運ぶ」のです。そういう意識でいると、意外と飛んで乗ることもあります。

10回中1回のナイスショットで180ヤード飛ばすより、クラブを短く持って150ヤードをコンスタントに打つほうがスコアをつくれる。

コンパクト・スイング

左足体重で、コンパクトにスイング。距離を欲張らない。

スイングは、9時から3時の左右対称。体の回転で打つ。

クローズドスタンスのとり方

クローズドスタンスのとり方。両足を揃えて立つ。ボールは両足の中央。

右足をスタンスの幅ぶん広げる。こうすると自然にボール位置は左足前になる。

狙いは、この写真でいうと左の斜面の中央くらい。スタンスはクローズ、肩・腰のラインは狙いの方向に対してスクエア。

最後に、右足を半足分引けば、クローズドスタンスができる。

30 「プルスライス」を武器にする

何度もこの「プルスライス」が出てきますが、じつはこれは私がいちばんおすすめしたい打ち方なのです。プルスライスというのは、打球が左に出てそれからスライスしていくという球筋です。よく雑誌などで紹介されている「つかまったスライス」と理解していただいてもかまいません。安全でしかも距離もそれほど落ちません。右に出てスライスする球筋は前述のように「プッシュスライス」と呼んで区別しています。

セカンドショットで使うプルスライスは、グリーンに届きそうな距離で使うと大きな武器になります。具体的には200ヤードくらいで、しかもライもいい、さらに左右にペナルティがないというときです。平均的な飛距離のゴルファーならスプーンや4番ウッドになるでしょうか。とにかくグリーン周辺の「第2エリア」に早く近づきたいというときに有効です。ここまで読んできた人には意外に思われるかもしれません。これまではとにかく安全にということを言ってきましたから。ですが、私は決して飛ばしを否定しているわけではありません。条件さえ整えば、ときには勝負に出てもいいのです。それが失敗したら、

グリーンの左端からグリーンの右端までの広い範囲の中に行けばいいと考える。もちろん結果的に第２エリアになっても構わない。そしてスライスの場合はグリーンの左端に目標を定める。

30 勝負に出る「プルスライス」の打ち方

もとのペースに戻ればいいだけの話です。

さて、飛ばすためのプルスライスの打ち方です。左に出るスライスですから、目標線はグリーンの左エッジあたりに設定しましょう。その線に対してスタンスはスクエアです。スタンスはまず、ボールを両足の中央に置いて両足を揃えて立ちます。次に左足を軽くステップしてつま先を少し開きます。次に右足をスタンス幅になるように開くとボール位置は左足かかと前になります。そしてフェースをシャットにセットすればアドレスの完成です。

スイングのポイントは左に低く振り抜くことと、体の回転を止めないことです。左サイドが止まってしまうと、引っかけるか、あるいは左にまっすぐいってしまうことになります。こういうリスクがあることも知って、あらかじめ心の準備をして勝負してください。

（P138につづく）

ボールは左足かかとの前で、フェースはシャットにセット。

目標をグリーンの左端に設定する。その目標に対してスクエアにアドレスする。スイングのポイントは左に振り抜くこと。

武器としての「プルスライス」

飛ばすことが目的ではあるが、過度な大振りにならないように。

ここでも基本のダウンブローのスイングを心がける。

腰の回転と、上体の回転を止めない。

右写真の回転ができていれば、クラブは左サイドに抜けるはず。

ポイント1
ヘッドは低く出す

ヘッドは低く出す。左サイドの伸び上がりがあると、腰の回転が止まり、クラブヘッドが上に上がるアッパースイングになりやすい。138-139ページの「タオル・ドリル」を参考にしてほしい。

ポイント2
左に振り抜く

右肩を下げて(じつは下げるというより、肩の回転のプレーンを保っているだけ。トップの左肩の位置に、右肩を入れ替えているのだ)、肩の回転を止めなければクラブヘッドは左に抜けるものだ。

30 「プルスライス」の威力を高める

プルスライスのスイングのポイントである、低い振り抜きと体の回転を止めないことをマスターするためのドリルです。クラブがなくてもできるので、自宅でもできます。左手を前に出し、タオルを持った右手を通常のスイングのように振ります。このとき右手は上から下へ、そして左へと体を回転させながら振り抜きます。ダウンブローのイメージです。タオルが体に巻きつくように振ったら、右肩を前に出してフィニッシュです。ぜひ試してください。

「タオル・ドリル」

トップから、右肘を脇腹に下ろしながらダウンスイングする。その肘を体につけたまま肘から先を伸ばしてインパクトして、そのまま左肘を抜く。フィニッシュで右肩を前に出し、上体をかがめる。

31 360度の視野でゴルフをする

セカンドショット編　〝飛ばす〟から〝運ぶ〟への意識改革

自分の置かれた状況を冷静に分析する。そうでないと判断を誤ってしまいます。これは何事にもあてはまることでしょう。もちろんゴルフもそうです。

たとえば、林の中に打ち込んでしまった場合が状況としてはわかりやすいでしょう。こういうとき、ゴルファーの習性として前しか見ていません。つまりグリーン方向ですね。

こういうときは一度ぐるりと前後左右を見渡してみましょう。楽に抜けられる方向があるかもしれません。ひょっとすると隣のホールにいいポジションがあるかもしれません。枝が気になると思っていたら上に大きく隙間があったということもあるでしょう。そういう、周りを見る余裕を持ちましょう。そうするためにも、3本のクラブ（5、7、9番アイアンがおすすめです）をあらかじめ持って行くことです。状況に応じたクラブ選択ができますし、この3本でたいていのことはできます。

もうひとつ、同伴者にも目を配りましょう。言い方は悪いかもしれませんが、観察するのです。同伴者は教師にもなりますし、反面教師にもなってくれます。

クラブを３本用意してボールのところに行けば、クラブ選択の幅があるから余裕を持って状況を観察できる。

前、横に隙間はなくとも後ろにあるかもしれない。上がだめでも下を通せるかもしれない。

隣のホールに出したほうが、次打でグリーンを狙いやすいということもあり得る。四方を見る。

周りを見渡す余裕があれば、最善の選択ができる。まずは安全に出すことを考える。決定したら途中で迷わないこと。

木の間を抜くチャレンジショット

前の2本の木の間を、インテンショナルフックで抜く。ときにはこんなチャレンジもいい。行けると確信を持ったら迷わないこと。結果として失敗しても後悔しないこと。笑う余裕がほしい。この場合右側の木の内側(左側)に狙いを定める。そうすると、人間は木を自然に避けようと反応するものだ。

32 打つ・運ぶ・止めるの省エネゴルフ

セカンドショット編 〝飛ばす〟から〝運ぶ〟への意識改革

前項のようなトラブルの状況でなくとも常に、冷静な状況判断が求められます。ゴルフのゲームの本質というのは、まず守りを固めるということです。つまり、それは大きなトラブルにならないように、実力に見合わない無謀なチャレンジを避けることにあります。ショットの内容からいうと、今まで言ってきた「運ぶショット」がゴルフのもっとも本質的なプレースタイルです。

とはいえ、力一杯振りたいという欲求は誰しも持ってしまうものです。また、木を越えなければならないとか、あるいは池を越えなければならないときなど、力が必要なときもあります。そこでやってみましょう、「正しいマン振り」の方法です。

ポイントは、スタンス、フェースともスクエアで、ボールは右足前です。体を目一杯使うのですから、テークバックで積極的に右足に体重移動しましょう。そして右足に体重を残したまま思い切り上からボールを叩きます。ヒトの動きの習性で力一杯振ろうとすると、自然に横振りになり、右肩が上がったフィニッシュになります。

スタンス、フェースともスクエア、ボールを右足前に置くところがポイント。

「マン振り」ショット

右に大きくウエイトシフトする。とはいえ、トップはこの程度に止めること。

右足にウエイトを残したまま、もちろんダウンブローにボールを叩く。

体の回転を止めない。フィニッシュはどんなフォームでもいい。

32

結果は?の「おみくじショット」

どうでしょう。ただしグリーンオーバーだけは避けたいので、短めの番手を選ぶ必要があります。そして、結果に過大な期待をしないことです。私は「おみくじショット」と呼んでいます。つまり大吉が当たることもあるけど、逆に凶を引くこともあるということです。打ってみるまで結果がわからないのがこの「マン振り」です。

次は運ぶショットです。ゴルフはボールを「打つ」のではなく「運ぶ」ゲームです。「めちゃくちゃに打つのは楽しいかもしれないが、勝つためにはまったく望ましいことではな

「運ぶ」ショット

運ぶショット。スコアをつくるための「基本ショット」といえる。スタンスはスクエアでフェースはシャットにする、いわゆるパンチショット。大振りを避け、スリークォータースイングにする。頭を残せるくらいの力みのないスイングを心がける。

い」と言ったのはジャック・ニクラウスです。「勝つため」を「いいスコア」と読み替えてください。

スイングは、フェアウェイセンターにスクエアにセットして、シャットフェースにしたパンチショットです。フルショットを避け、スリークォーターのスイング幅にします。もちろん右サイドで打つダウンブローです。基本的なショットといえます。頭を残すビハインド・ザ・ボールを忘れないでください。フルショットではないので、これは比較的実践しやすいでしょう。

最後は止めるテクニックです。グリーンの左へ目標線を設定し、それに対してクローズドスタンスでアドレスします。ボール位置は左足かかと前でフェースはオープンにセットします。このスイングのポイントはトップの右手の手首の角度と、フィニッシュの左手の角度を入れ替えるようにすることです。いわゆる出前持ちスタイルです。ただし、セカンドショットでグリーンに止めるというのは、じつは70台レベルのゴルフなのです。90台のスコアをつくるには必要のないテクニックですから、いずれ必要になるテクニックとして、まずはウェッジを使って練習場で遊んでみてください。「学ぶべし、ただし使うべからず」という言葉があります。コースで使うのは自信がついてからにしましょう。

「出前持ち」スタイル

トップでの右手の形。手首が折れて肘が地面に向いている、いわゆる“出前持ち”スタイル。フィニッシュでは左手がこの形になるようにスイングする。

スライス系のボールになるので、グリーンの左端を目標に設定する。

目標に対して、スタンスはクローズ。フェースはオープンにセット。

トップで右手の手のひらを「出前持ち」のスタイルにする。そうすると右肘は地面を指すようになり、トップもコンパクトになる。

フィニッシュで左手の手のひらが「出前持ち」スタイルになるように意識する。そうすると、クラブが早く収まり、大振りにならない。

33

セカンドショット編　〝飛ばす〟から〝運ぶ〟への意識改革

2クラブアップの勇気を持つ

勇気というのはおおげさだったかもしれません。それほど難しいことではないからです。しかもスムーズなスイングが、あまり練習しなくても手に入るという、いいことずくめのテクニックです。これでスイングが格段によくなった人が何人もいます。

ただクラブを換えるだけですから何も難しいテクニックは必要ありません。たとえば、100ヤードをいつもはピッチングウェッジで打っていたとしましょう。それを8番アイアンに換えて打つだけです。不安に感じるかもしれませんが、ヒトの能力を侮ってはいけません。我々はちゃんと調整能力を持っています。まずはパー3から試すのがいいでしょう。

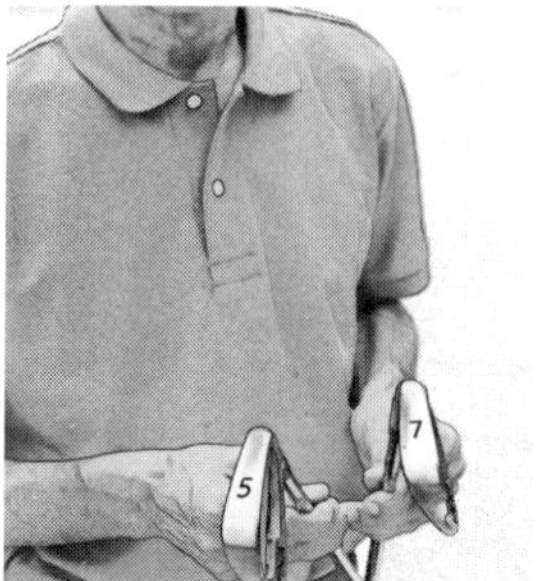

いつもの番手より、2番手アップするだけ。9番を7番アイアンというように。すぐにでも実践できる。

通常の 7 番アイアンショット

通常の 7 番アイアンのショット。次ページの、同じ距離を 5 番アイアンで打つフォームと比べてほしい。

攻めの幅が広がる

利点は、まずスイングがゆっくりでスムーズになること。次にボールが低くなってランが出ること。これは風にも強いということです。もうひとつ、パー3で選択肢が増えるということも挙げられます。従来は上げて止めようと、ぎりぎりの番手を使っていたわけですね。ところが、2クラブアップだと、手前から転がして乗せようとか、2クラブはきついから、1クラブ長くするだけにとどめておこうなどと、その日のピンポジションや、自分の調子次第で自由に打てるわけです。是非試してほしいテクニックのひとつです。

2クラブアップした5番アイアンのショット

前ページと比較すると、当然スイング幅は小さくなっている。しかしインパクトは力を抜いていないことに注意。距離感が働いて、とんでもないオーバーということは起こらないものなのだ。

34 チョロでもナイスショット

初心者を慰めるために言うような台詞ですが、これは誰にでもあてはまる考え方です。飛んで曲がってそしてOBというより、チョロのほうが数倍ましだというものです。ペナルティの発生しないショットはすべてナイスショットなのです。

ナイスショットとチョロとの差は紙一重でしかありません。ほんのちょっと打点がずれただけなのです。ですから、スイングを修正しようとしてはいけません。でも、恥ずかしいと思ったり、カッとなったりするのがこのチョロのいやなところです。そういうときは間を置くのがいいでしょう。気分を変えるためにクラブを交換するというのもひとつの方法です。

ただし、次のショットには注意が必要です。刻みは2回ということを覚えておいてください。ミスをした場合、それを一発で取り返そうとしないということです。チョロで1回刻んだわけですから、つぎも刻むということです。短めのクラブでゆっくり打つことで、乱れてしまった心を落ち着かせるのです。4オンでもいいのですから問題なしです。

ナイスショットとチョロの差は紙一重でしかない。スイングを変えるのではなく気持ちを切り替える。1回で取り返そうとしないで、再度刻む。

ミスショットのあとすぐ打つのは、再度のミスの可能性が高い。間を置くことが必要だ。クラブを換えるのもいい。

第4章

35 グリーンに行った心をボールに引き戻す

セカンドショット編　〝飛ばす〟から〝運ぶ〟への意識改革

ナイスショットをしたときの話をしましょう。フェアウェイど真ん中に今日イチのティショットが飛びました。さて、そのあとセカンドショット地点に行くあいだ何を考えているでしょうか。よし次もいいショットを打ってベタピンにつけてやる、でしょうか。それとも少し控えめに、よしオンしてやるぞ、でしょうか。いや、ひょっとすると、あんなショットをしちゃったら次はミスできないぞという弱気な人もいるかもしれません。

いずれにしても、ティショットが終わった段階でもう気持ちはグリーン、あるいはスコアへと飛んでしまっているのですね。したがって、セカンドショットの時点では心ここにあらずという状態です。これではミスが約束されているようなものですね。

「心を引き戻せ」というのは宮本武蔵の言葉です。それをこの項のタイトルに拝借したわけです。心を、気持ちをちゃんと自分の内に持っていないといけませんということですね。先のスコアという美女に心を奪われてしまい、現実を直視できない状態なわけです。

というわけで、先の結果を考えないで、現実のライの状況をよく観察しようということで

つま先上がりの打ち方

つま先上がりのライはボールを右に置いてスイングする。フックしやすいライだが、あまり考えすぎるとよくない。無理なスイングをすると大きく曲がってしまう。スイング幅を小さくしてフェアウェイに戻すことを優先。

つま先下がりの打ち方

つま先下がりの場合も同様のアドレスで、傾斜なりにスライスさせればいい。だからバランスを崩さない範囲のスイング幅に抑える。つまり距離を欲張らないこと。とくに 90 台のスコアを目指している場合はなおのことフェアウェイに戻すことが先決だ。

す。ここではわかりやすいライを選んでいますが、実際のコースではわかりにくいライが多くあります。フェアウェイといえども平坦だとは限りません。ナイスショットだと思ったら、思ったより曲がってしまった。ライを振り返るとじつは傾斜していたなんてことがよくあります。

傾斜に逆らわないで打つ

傾斜の状態には大きく分けて、アップヒル（左足上がり）、ダウンヒル（左足下がり）、つま先上がり、つま先下がりの4種類があります。これらの傾斜したライからのショットでは、傾斜に対して「逆らわない」というのが基本的な考え方です。たとえば、アップヒルの場合、スタンスをオープンにして、ボールを右足寄りに置いてシャットフェースにします。そして右体重でスイングします。ご想像どおり、スイングのあと左足がバックステップします。一方、逆の傾斜のダウンヒルの場合は、アドレスは同様で体重移動をしながらヘッドを低く傾斜に沿って振るだけです。シンプルにしたほうがいいのです。つま先上がりの場合は、フックしてしまってもいいようにあらかじめ右に目標を定め、そしてこのほうが大切なのですが、距離を出そうとしないことです。距離を出そうとすると大きく左に飛んでトラブルになりかねません。

アップヒルの打ち方

右足体重で傾斜なりにスイングする。その結果、左足がバックステップを踏むが、これが正解。

オープンスタンス。ボールは右。シャットフェース。傾斜なりに構えると、右足体重になる。

ダウンヒルの打ち方

傾斜なりにフェースを走らせる。上げにくい傾斜なのだから無理に上げようとしないこと。

スタンスはオープン、右足寄りにボールを置きシャットフェース。立ちやすいスタンスで立つ。

36 難しいライはミスして当たり前

セカンドショット編 〝飛ばす〟から〝運ぶ〟への意識改革

左頁のようなトラブルショットの場合、頑張ってはだめです。ミスしたのだからしょうがないと割り切って、クラブが振れるところまで、できればフェアウェイまでボールを出すことだけを考えましょう。その際、正しい打ち方というものはありません。たとえば、写真（左頁右上）のような打ち方もありです。いいスコアが出たときはどうでしたか、こういうトラブルはなかったでしょう？ つまりいまは流れが悪いのです。ここで無理をすると、もっと悪い状況になる恐れが強いのです。ゴルフというのはそういうゲームなのです。

ディボット跡に入ってしまった場合もそうで、出ればいいと割り切って距離を出そうとはしないことです。見栄を張ってかっこよくなどとは絶対に考えてはいけません。

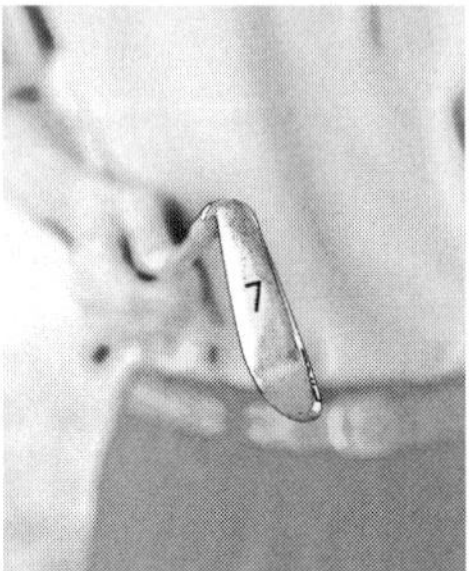

ある程度ロフトのあるクラブのほうが、さまざまな状況に対応しやすい。７番以下から得意クラブを。

木の根もとにボールが止まっている場合など、難しいライでは正しい打ち方というものはない。ひとつの例として木に頭をつけたまま打つという方法もある。

木の根もと、ディボット跡、深いラフ、ベアグラウンド。いずれの場合も脱出できれば上出来と考える。それ以上の結果を望まないこと。

▼

▼

ナイスショットの結果、ディボット跡に入ることもある。入ってしまったら、次はナイスショットをしようとしないことが大切。クローズドスタンス。シャットフェース。左足かかと前のボール位置。スイングはクラブヘッドをぶっつけて終わるだけ。

37 ゴルフは「ナイスミス」をつなげていくゲーム

またジャック・ニクラウスの言葉です。「自分の予定どおりにプレーできることはめったにないという事実を知っておくことだ。私にもそんな経験は一度もない」。プロも苦労しているわけです。プロでも納得のいくショットは18ホールで2、3回といいます。つまりそのほかはすべてミスショットということです。

ボビー・ジョーンズはこう断言しています。「ナイスショットは偶然の産物である」と。つまり、ナイスショットはしようと思ってできることではないのです。そしてナイスショットが1回もなくてもゴルフはできます。自分が想像しているナイスショットを100点とすると、60点あるいは50点の出来でもいいのです。ですから、満足はできないけれども結果はまあまあという、損害の少ないミスをつなぐことがスコアをつくるためには必要なのです。そのようなミスを私は「ナイスミス」と呼んでいます。ナイスショットをしたからといっていいスコアが出るとは限りません。トップ、トップ、ダフりで3オン、パットが強すぎたと思ったら入ってしまった、ということもあり得るのがゴルフです。

[**林**] まずは安全に出せるルートを360度見回して探す。上にも視線を向けてみよう。

[**ワンペナ**] 1打の損ではない。1打ですんだのだ。距離のペナルティがないぶん得したのだ。

[**バンカー**] 出す、乗せる、寄せる、入れるの優先順位を思い出そう。まずは出す。ときには後ろでもいい。

[**池**] 1打付加でも4オンに計画を切り替えれば、それほど難しいことではない。

[**ラフ**] 距離を欲張ると思わぬ方向に飛ぶことがある。ロフトのあるクラブで出すだけにする。

38 ボールと対話する

冗談だろう、と言われそうですが、まじめな提案です。前項でお話ししたようにゴルフにミスはつきものです。そして、すべて自分の責任ですから、一緒にプレーをしている人に八つ当たりするわけにもいきません。我慢をしろといっても、ストレスがたまってきます。そういうときのリラックス法のひとつとして紹介しようというわけです。

ミスショットの場面では、「なんでこんなところに来たんだよ」でもいいでしょう。でも「さあ、さっさとこんなところからおさらばしようぜ」と声をかけると、すんなりいくかもしれませんよ。

ナイスショットのあとは「ありがとう。さて次はグリーンのどこに行きたい？」っていうのがいいですね。ナイスショットのあとは案外緊張するものですから、そうやって気持ちを切り替えることをおすすめします。ただし、あまり大きな声でぶつぶつ言うのは、一緒にプレーしている人に迷惑がられるかもしれませんのでご注意を。

ここで紹介したのはひとつの例です。自分なりのリラックス法を見つけてください。

あるプロはボールにニックネームをつけて呼んでいたそうだ。それもひとつの方法だろう。ミスショットでもナイスショットでも、直後の脳は興奮しているもの。次のショットまでの間に1拍おいて興奮を冷ますためには案外いい方法かもしれない。

ここで紹介したのはほんの一例にすぎない。プロの例では、タバコを一服というのも昔ありました。今は難しい。大叩きしたときのボールは次のホールで使わないというのも、気持ちの切り替え法として有効。自分流の方法を見つけてほしい。

第5章
ティショット編

完璧を求めないことがスコアメイクの近道

39 ベストポジションを狙わない

ティショット編　完璧を求めないことがスコアメイクの近道

左ページの図を見てください。どこのコースでもよく見かけるホールですね。コースの両側は林です。多分、多くの人がこのフェアウェイバンカーの左横の地点をベストポジションだと思うことでしょう。そして、ちょっと飛距離に自信のある人はバンカーのさらに先でしょうか。

それぞれ、多くの人がベストポジションだと思う地点を理想地帯、その先を欲地帯と名付けました。そして、それらより手前の広いところ。ここは安全地帯です。この名前からすでにお察しのとおり、じつはこの安全地帯がほんとうのベストポジションなのです。ここにボールを運ぶことが一般のゴルファーにはもっとも大切なことです。

安全地帯に運ぶこと。これはプレーヤーのレベルに関係なくあてはまる、いわばゴルフの基本です。バンカーや林といった、ストロークをロスしそうなところを避けるのが賢明な選択なのです。90台を目指すレベルであれば、そこから3オンを狙えばいいのです。

林やバンカーに入れてしまうと、3オンどころか、4オン5オンになりかねませんね。

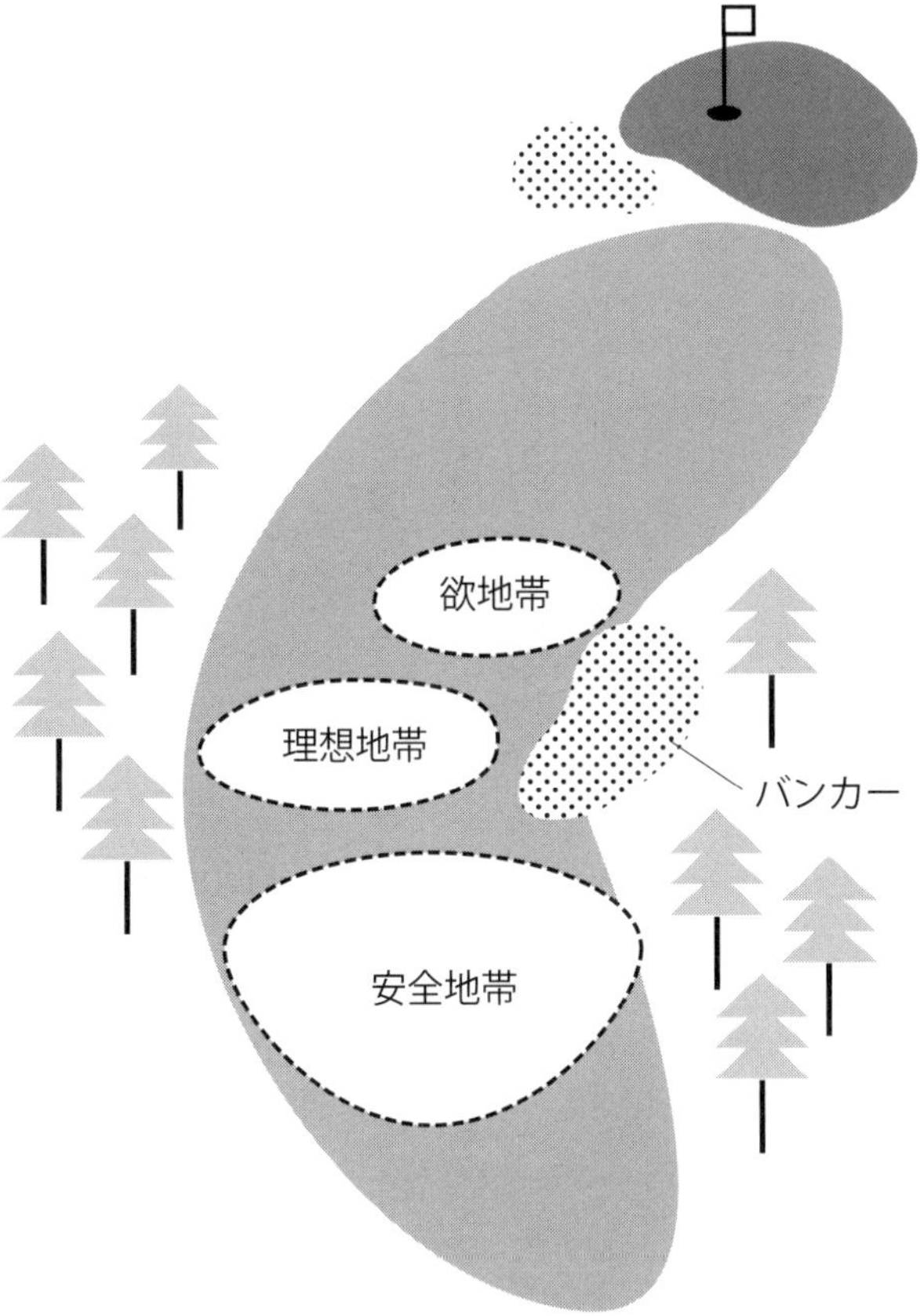

理想地帯がベストポジションではない。この図の安全地帯が真のベストポジション。ここに運ぶのがゴルフの基本。

ティグラウンドに立ったらまずそのホールの安全地帯はどのあたりかを見抜くことが大切。安全地帯はできるだけ広く考える。その範囲であればショットに優劣をつけないこと。

安全地帯は手前にも伸びている。つまり距離は必要ないということ。この範囲に入れるのにもっとも適したクラブを選択する。

ウッドやロングアイアンが苦手なら７番アイアンで打ってもいい。林や、バンカーでストロークをロスするよりスコアをつくれる。

40 ナイスショットは求めない

ドライバーを持つと人が変わるという人が、皆さんのゴルフ仲間にもひとりはいるのではないでしょうか。それまでとはうってかわってブンブン振り回すとか、あるいは急に緊張して恐る恐るスイングするとかいう人が。

「アマは体裁を考え、プロは生活を考える」という言葉があります。振り回す人は、飛ばしたい、飛ぶとかっこいいと思っているのでしょう。恐る恐るスイングする人は逆に、失敗するとかっこわるいと思っているのでしょう。いずれも体裁を気にしているのですね。

何度も言いますが、いいスコアを出すのに、飛距離は絶対条件ではないのです。とくに90台を目指すプレーヤーであれば、3オンは出来過ぎで、4オンでも充分です。一般ゴルファーはドライバーに情熱を注ぎすぎです。ティショットは150～180ヤード飛べば充分なのです。ですからその距離を打てる、もっとも安心できるクラブを使うべきです。条件によってはスプーンのほうが飛ぶという場合もあります。私はよく言うのですが、ドライバーには「1W」と書いてありますが、いちばん飛ぶとは書かれていないのですよ。

コースに出ると見通しがいいので、どうしても飛ばしたくなるもの。180 ヤード付近に目標エリアを設定し、そこに運ぶことを考える。目標エリアを設定したら、そこから、視線を上げない (遠くを見ない) こと。

下半身主導のリズミカルスイング

リズムをとることに集中することもおすすめの方法。飛ばそうとする欲を頭から追い払う効果がある。チャー・シュー・メンでもいいし、いちと・にいと・さん、でもいい。逆カウントという手もある、スリー・ツー・ワンと逆に数えるのだ。いずれも下半身でリズムをとるといい。

41 まっすぐなボールは考えない

ティショット編　完璧を求めないことがスコアメイクの近道

まっすぐなショットというのは、じつは意図して打つのが非常に難しいのです。私の場合、曲がりを少なくしたスライス、あるいはフックを打とうとしたときに偶然まっすぐ飛んだということで経験するくらいです。多分皆さんは、そのたまたまのまっすぐのボールを、意図して打てたものと勘違いしているだけなのです。

そもそもゴルフには、どうしてもまっすぐなボールが必要という場面はそうはありません。スライサーならスライスを前提に、それをどう有効に使うかを考えるべきです。

スライスには、前述のようにふたつのタイプがあります。そして、それぞれに応じたティグラウンドの使い方があります。プッシュは、左に立って左の林を目標にしてアドレスします。プルは逆に、右に立って左の林を目標にしてアドレスするわけです。そうすることで、フェアウェイの幅を有効に使うことができ、フェアウェイをキープできる確率がアップするわけです。まっすぐのボールを想定して、センターに立ってフェアウェイセンターにスクエアにアドレスすると、フェアウェイの右半分の幅しか使えません。

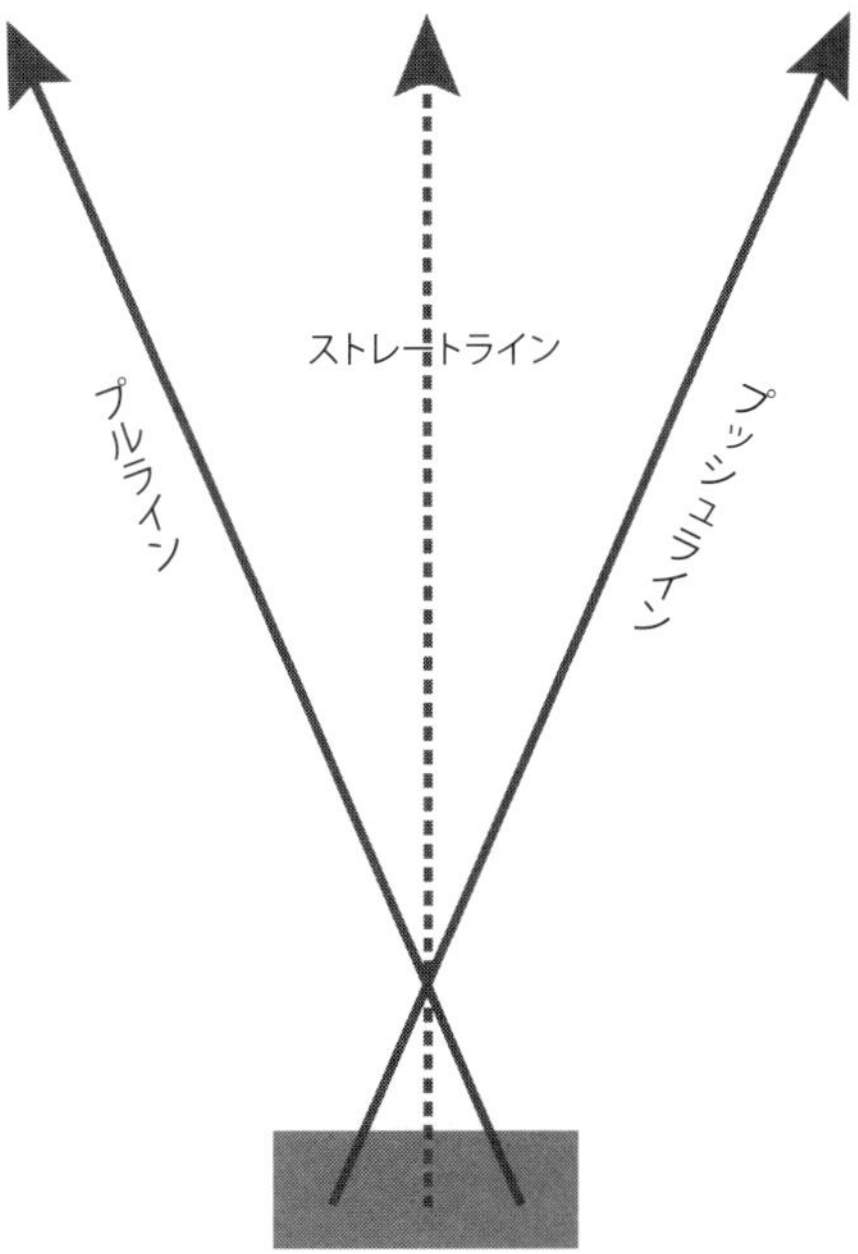

コースではプッシュかプルの2本のラインで考えればいい。なぜならばフェアウェイの幅を有効に使えるからだ。ストレートラインでは、スライサーの場合、右半分しか使えなくなってしまう。いちばん広く使えるのはプルスライス。次にプッシュスライスだ。

「プッシュスライス」の場合

右に出てスライスするタイプ（プッシュスライス）は、ティグラウンドの左に立ち、コースの左端あるいは左の林を目標にしていつものアドレスをする。そうすれば、フェアウェイの幅を有効に使える。しかもコース全体を見渡せるので安心感が湧く。

「プルスライス」の場合

いったん左に出て、その後スライスするタイプ（プルスライス）は、ティグラウンドの右に立ち、左の林を目標にしていつものアドレスをする。そうすれば、いつものボールでもフェアウェイキープ率が高くなる。やはりコースが広く見えて安心感が湧く。

42 フェアウェイを広く使うテクニックがある

スライスにはふたつのタイプがあると説明しました。そのうち、いったん左に出るタイプが「プルスライス」です。このスライスに磨きをかけようというのがこの項のテーマです。このボールは、他の球種に比べて、コースの左側も使えるのでフェアウェイを広く使えるというメリットがあります。

スライスだと弱いボールしか出ないのではと、思われるかもしれませんが、ちゃんとしたプルスライスにすれば強いボールが出るようになります。

まずアドレスは、左ページの写真のようにコースの左奥に向いて、その線にスクエアにスタンスをとります。ボール位置はそのスタンスの中央です。そしてここがポイントですが、フェースをシャットにするのです。このフェースの向きによって、ボールが左に出ていくわけです。スライスさせるのは肩・腰の回転です。弱いスライスから、強いスライスへ変わると、ティショットに自信がつくはずです。そうするとプレーに余裕が出てきます。このボールを覚えることで確実にレベルアップできます。

プルスライスは、写真のようなコースの場合、左の林の中に目標を設定する。そちらへ向かって飛び出し、右にスライスしてフェアウェイに戻るイメージだ。

肩回転ドリル

目標にスクエアに立ち、ボールはスタンスの中央に置く。フェースをシャットにセット。これが強いスライスボールのポイントだ。

シャットフェースでボールをつかまえ、腰、肩の回転でボールにスライス回転をさせる。この写真のように体の回転を止めないことが大切。3コマめですでに腰が正面を向いている。続く 4 コマめ 5 コマめのように右肩を下げ、前に出すように回しきる。

42

腰回転ドリル

肩の回転同様、腰の回転も止めない。腰の回転面はクラブを当てるとわかりやすい。テークバックでは右腰が高くなりインパクトに向けて、右腰が下がってくる。

右腰で打つイメージと言えば、わかりやすいだろうか。インパクトからフォローの時点で腰が正面を向くくらい回転させる。

43 ドライバーもダウンブローが正解

ティショット編　完璧を求めないことがスコアメイクの近道

アイアンはダウンブローに打てと言われて納得できる人も、ドライバーも、となると疑問に思う人が多いかもしれません。ですが、ドライバーの方向性をよくしようとするなら、ダウンブローにしたほうがいいのです。

一般のゴルファーはドライバーショットの結果にスコアを左右されてしまいます。ですから、安定性のいいティショットが絶対に必要です。それには、飛距離より方向性を優先しなければなりません。そしてそれにはやはりダウンブローなのです。

ドライバーショットのミスの原因は飛距離を欲張ることと、高く打とうとすることにあります。ティショットはティアップしていることもあって、アッパースイングになりやすいのです。アッパースイングは左サイドが伸び上がったり、そのために腰や上体の回転がとまったりすることが多くなります。その結果、引っかけやトップなど、ミスが起こりやすくなります。ティアップを低くしてダウンブローに打ってください。きっと安定性が増すはずです。

ティアップを低くしてダウンブローに打つ。弾道は低くなるが、ランが出るのでそれほどの飛距離ダウンは感じないはず。

直ドラもダウンブローにすればできる。低いライナー性のボールになる。これができると、フェアウェイウッドがとても楽になる。

42 飛び始めはスコアの壊れ始め

ティショット編 完璧を求めないことがスコアメイクの近道

ゴルフの面白いところは、あまり練習していなくても、そして月いち程度のラウンドしかしていなくても、突然目の覚めるようなボールが出てしまうところにあります。それでゴルフにハマってしまったという人は多いのではないでしょうか。

ところが、それがその人の実力ではないのが残念なところです。本人は実力だと思い込んでしまうのですから、ゴルフの神様とやらのいたずらでしょうか。たまたま出たナイスショット。それを追い求めるものですから、当然スコアはがたがたになります。この項のタイトルはそれを戒めるための言葉です。

ニクラウスはめったにないナイスショットのような偶発的出来事を「不自然距離」と称しています。対して自分の平均飛距離を「自然距離」としています。飛んだショットも、当たりの悪かったショットも平均した飛距離です。この自然距離をもとにゲームを組み立てろ、とニクラウスは言っているわけです。安定した飛距離のショットをするためには、大振りをしないでコンパクトなスイングを心がけることです。

「バタフライ・ドリル」と呼ばれる練習法。フィニッシュで左脇をあけ、左肘を張るクセがついているのが大振りの原因だ。これでは安定したコンパクトなスイングができにくい。そこで、このように両前腕を体につけてスイングの動作をしてみよう。フィニッシュがコンパクトになる。

「バタフライ・ドリル」のトップ

両前腕の間隔が開きすぎない、つまり両脇がよく締まったトップがコンパクトスイングには必要だ。「出前持ち」の右手を取り入れればなおいい。

「バタフライ・ドリル」のフィニッシュ

両脇の締まりを保っていれば、これくらいのフィニッシュで収まる。左手は「出前持ち」の形。これで充分飛距離は出る。無駄に大きなスイングをしない。

45 360ヤード以内は思い切り飛ばせ

ティショット編　完璧を求めないことがスコアメイクの近道

意外に思われるかもしれません。決してタイトルが間違っているわけではありませんよ。飛ばしていいのです。いままで正確性が優先だの、飛距離は必要ないだのとさんざん言ってきましたからね。

たとえば、329ヤードのパー4。ドライバーの飛距離が200ヤードだったとすると、残りは129ヤードになります。図のようにドライバーが林に入ってしまっても、真横に出せば、次のショットが残り129ヤードです。3オンの可能性がまだ残っています。

では、距離の長いパー4の場合はどうでしょう。たとえば、400ヤードだとしましょう。同じように林に打ち込んで、横に出したとして、残りは200ヤードになります。そうすると、次のショットでグリーンにオンさせることができる確率はいかがですか。そうです、かなりきついですね。こういうケースでは賢明に、

（P200につづく）

この表示を見たら、迷わずドライバーを手にしていい。思い切りフルスイング。

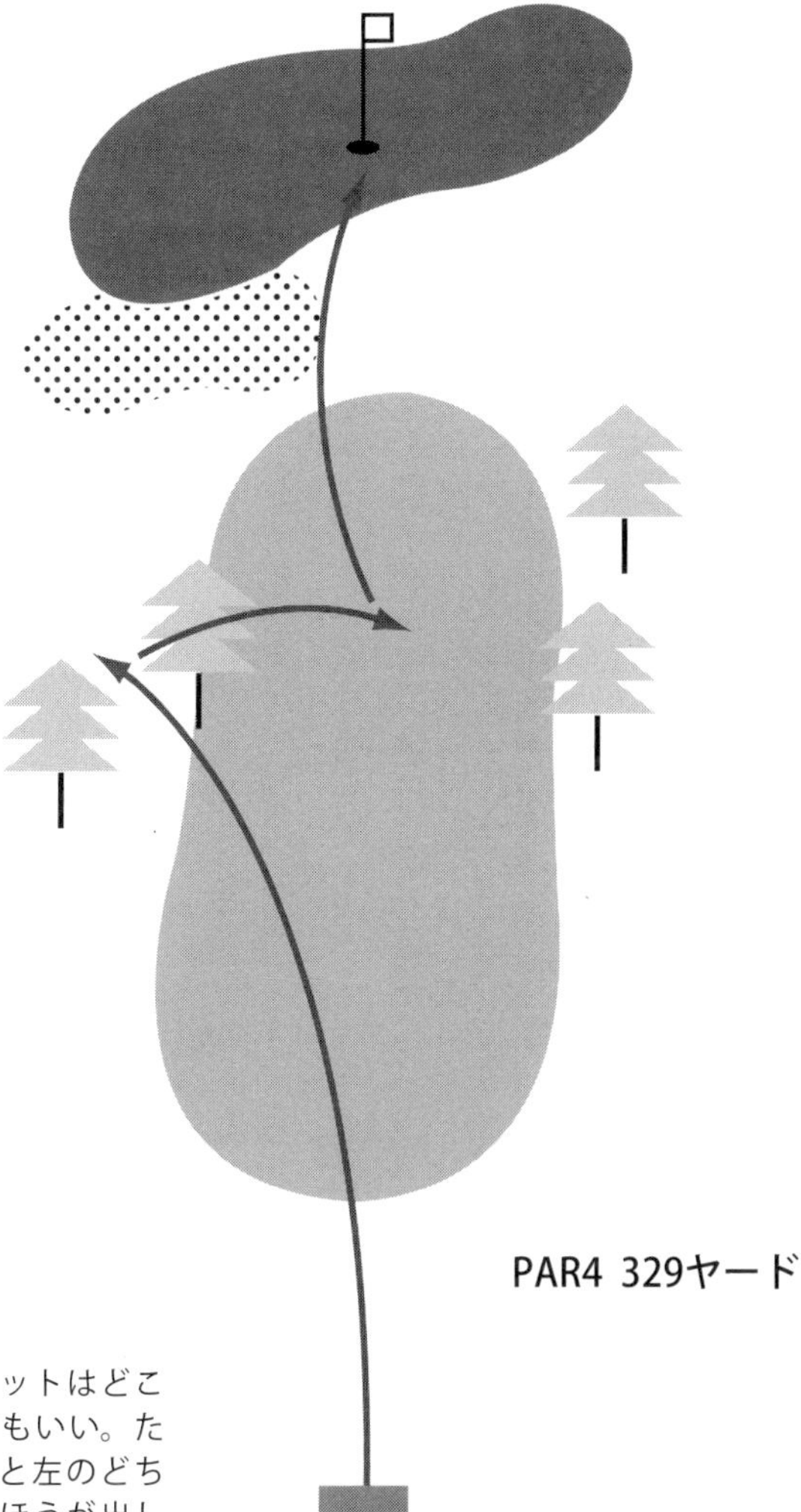

ティショットはどこに行ってもいい。ただし、右と左のどちらの林のほうが出しやすいかを考える余裕は欲しい。

360ヤード以内の「マン振り」ティショット

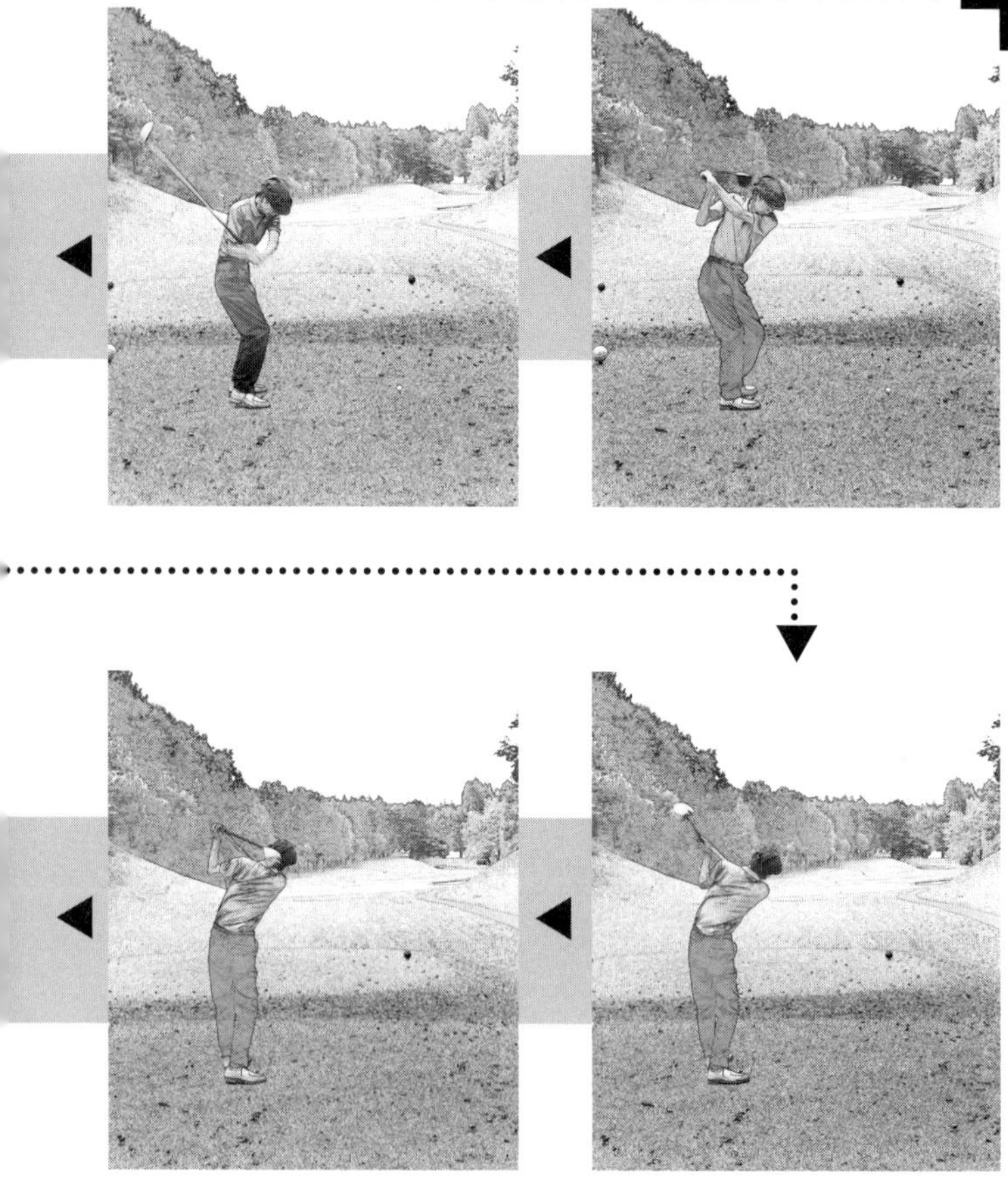

「正しいマン振り」の項（P144）を参照してほしい。体、とくに下半身を目一杯使ってスイング。

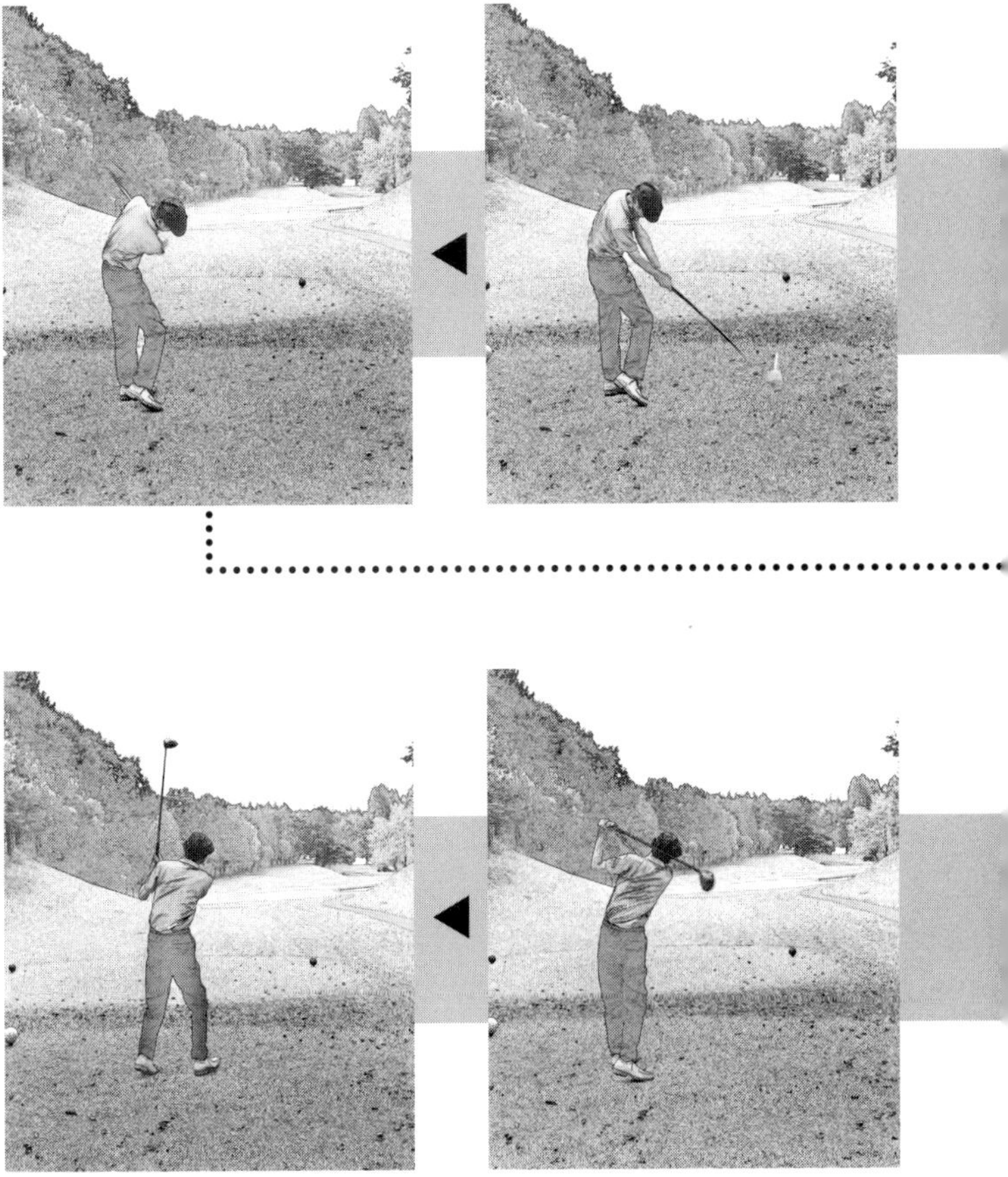

最後はよろけるくらいのフィニッシュになっても構わない。結果は気にしない。ちなみに、飛ばしたいときは、フォーム無視、方向性無視、スコア無視の「3 無主義」だ。

刻んで4オンを目指せばまだ大叩きせずにすみます。90台は、ダボでもまだ充分に可能性がありますから。

360ヤード以上はフェアウェイキープが鉄則

長いパー4のティショットでは、まずフェアウェイに置かなければいけないということは、もう皆さん知っているはずです。その上でのミス。ショックが大きいですね。そこでつい無理にカバーしようとして、一か八かのショットをしてしまうのです。その結果大叩きしてしまうというわけです。

これが、どこに行ってもいい、と事前にミスを許していた360ヤード以内の場合との大きな差です。ティショットでのミスが許されない長いパー4では、まずフェアウェイキープが最大の目標です。フェアウェイの状況によっては、ティショットはアイアンでもいいのです。フェアウェイのいいところに置いておいて、次にウッドを使うという選択もありますし、状況さえよければ、直ドラだってあります。

長いパー4ではフェアウェイキープが大命題。第1打がアイアンだっていい。攻守のメリハリをつけたプレーをする。

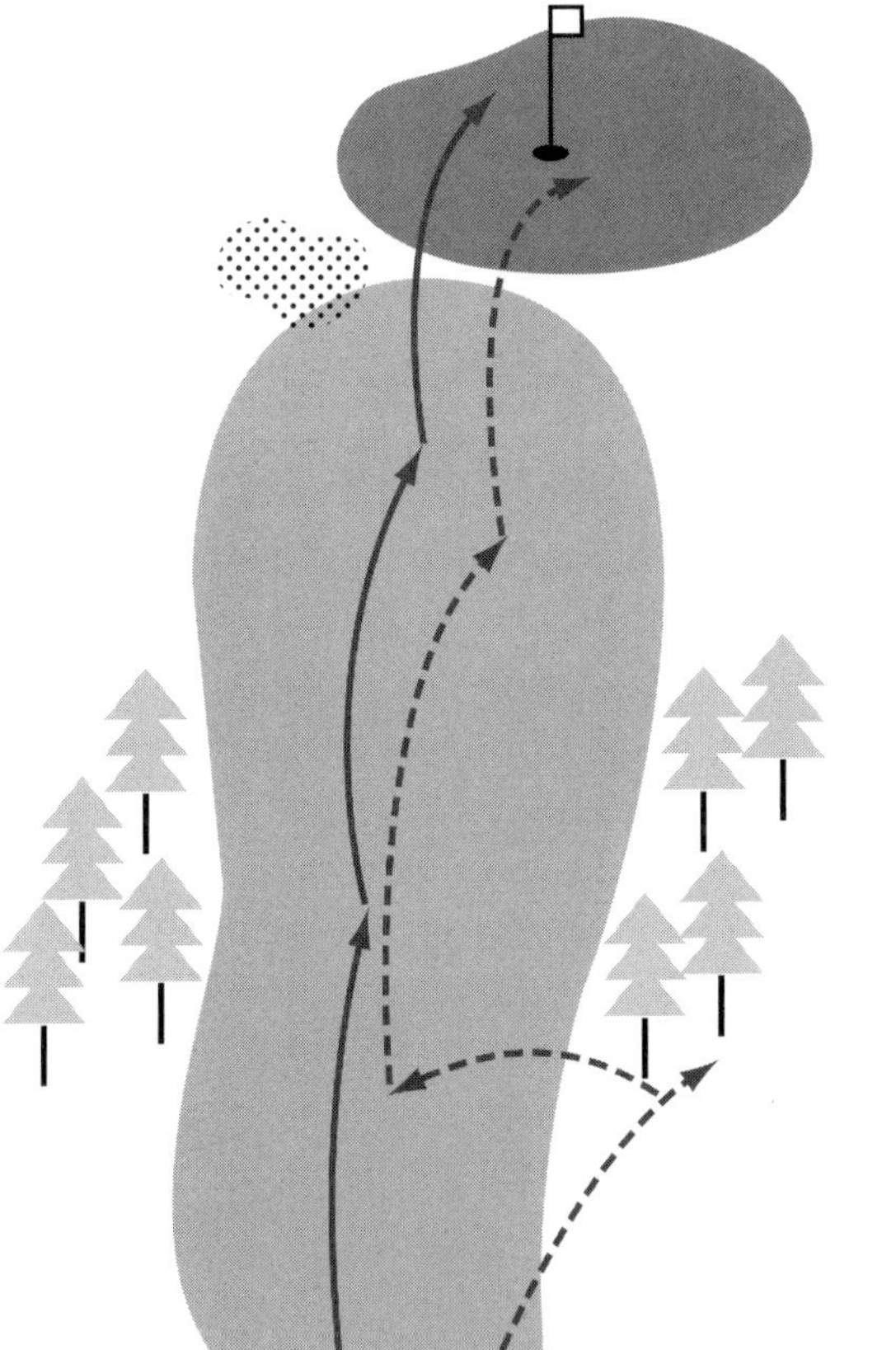

トラブルを無理にカバーしようとすると大叩きの可能性大だ。勝負するなら、セカンドで。

360ヤード以上の「運ぶ」ティショット

フェアウェイキープを目的とするなら、当然スイングはコンパクトになる。フェアウェイウッドでプルスライス、あるいはアイアンでパンチショットをしてもいい。クラブもスイングも自信が持てるものを選ぶ。

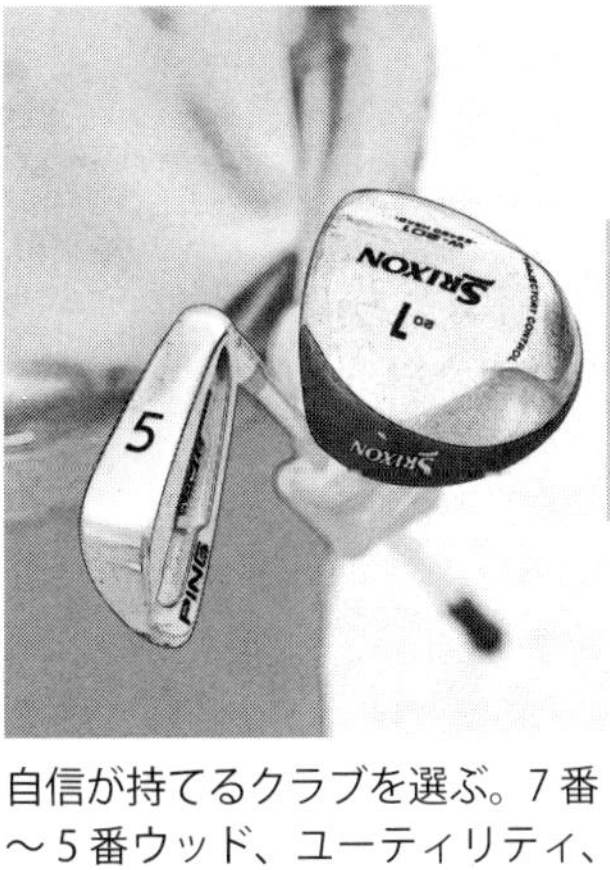

自信が持てるクラブを選ぶ。7 番～5 番ウッド、ユーティリティ、5 番アイアンなどが一般的だが、ショートアイアンでもいい。

46 池は狙って入れていけ

もう慣れたでしょうね、変なタイトルには。もちろんこれも本気です。

皆さんはマスターズの開催前日に行われているパー3コンテストをご存知でしょう。そのコースに名物ホールがあって、プレーヤーが水切りショットを披露するのです。それをやってみましょうということです。

池を苦手としていない人は、苦手な人の心理がわかっていません。なぜかというと池が視界に入ってこないのです。えっ、池なんてあったっけ？　ってなもんです。では池が苦手な人はというと、過去に苦い経験をしているために池がどうしても視界に入ってきてしまう。それで打つときに池から視線をずらそうとするわけです。反射神経といってもいいでしょう。それがトップを招き、その結果池に入れてしまうというわけです。いやいや入れてしまったのと、狙って入れたのではその後のプレーに大きな差が出ます。

狙って入れるからには、入れ方も考えてみましょう。たとえば、手前から転がして入れるのか、あるいは池の真ん中にドボンと気前よく入れるのか、さらには向こう岸から戻っ

池に入れても、次打は3打め。これで乗る場合もあるし、「第2エリア」に運んでそこから3打で上がれば、ダブルボギーだ。100切りは充分可能。

池に入れてもスコアがつくれるということを経験すれば、池が怖くなくなる。3打めを丁寧にプレーすることが必要だ。

て入るパターンにするのかです。入れ方を決めたら、それにふさわしい弾道をイメージします。たとえば、池の左端からスライスで入れるというように。いわば遊びといえます。そうすることで、余裕が生まれます。この余裕が大切なのです。

狙って入れたのであれば、次の第3打で落ちついてグリーン方向にボールを運ぶことができます。4オンも可能でしょう。それを体験すると、苦手意識はなくなってきます。池はただの風景の一部となるのです。

狙って池だ

池には狙って入れる。いやがった結果そうなってしまうのと、意図してそうしたのでは精神的に大きな差が出る。納得の上の結果のほうが、いいというわけだ。入れようとするとそうはならないというのも、一面としてあるが、ほんとうに入れてしまうのが今回のテーマ。狙いどおりになったときの自分の気分を分析してみよう。

47 左の林に入れろ

196ページの360ヤード以内の場合と似ていますが、今回は距離にかかわらず「左の」林ということです。なぜ左かと説明する前に、打球が左に行くのはどんなときかを考えてみましょう。それはフックがやや強かったとき、あるいは引っかけたとき、さらにプルスライスが曲がらずにまっすぐ行ってしまったときなどです。いずれの場合にも共通していることは、インパクトのときにフェースが被った状態だったということです。程度の差はありますが、いわゆる「つかまったボール」というわけです。このボールはフェースが開いてインパクトする、いわゆる「こすり球」より飛距離が出ます。だから左の林に入れろ、その方向に打て、というわけです。

左の林ならば、右よりは20～30ヤードは飛んでいます。ですから、真横に出したとしてもまだ3オンの可能性が残っていますし、90台のスコアであれば、4オンでもいいわけです。これが私がプルスライスをおすすめしている理由でもあります。

一般的に、スライサーは右がいやな場合、左を向いてアドレスします。そうするとオー

スライサーは右の林ばかり気にする傾向がある。いわゆる逃げの気持ちなのだ。ときには左の林を見よう。そしてそこに打ち込んでみようということだ。

プンスタンスになってスライスの曲がりがいっそう大きくなってしまいます。その結果、いやなはずの右に行ってしまうことになるわけです。それよりは思い切って左の林に入れたほうがスコアがまとまる可能性が高いのですよ、ということです。前項の「池に入れろ」と同様に、狙って入れるという割り切りが必要なのです。ゴルフではミスを完全になくすことはできません。どうせミスをするのなら、意図したミスをしたほうがいいし、意図したプレーを積み重ねることが、プレーのレベルを上げることにつながるのです。

こういう遊びの余裕があれば、楽に振って行けますよね。そうすると林には行かずに、フェアウェイに行くようにもなってくるのです。

フェースをシャットにして、右には行かないというスイングをしてみること。

左の林に入ったら、まずはフェアウェイに出すことを優先する。もっとも出しやすい条件の整った方向を見つける。

第3打は…。もうわかりますね。「第2エリア」が目標だ。そこから3打で上がればダブルボギーですむ。

48 右ドッグレッグは左サイドに打つ

いわゆるドッグレッグのホールにやってきました。さて、皆さんはどう打ちますか。ゴルファーの心理としては当然ショートカットしたいと思うところです。ちょっと控えめな人は、フェアウェイでコーナーまで行けばセカンドで攻められると判断するでしょう。

では、もっと控えめであるべき90台を目標としているゴルファーは、どこを狙えばいいでしょう。ここまで読んできてくださった方にはもうおわかりですね。そう、フェアウェイの曲がりとは反対のサイドです。右ドッグレッグなら左サイド、左ドッグレッグでは右サイドです。残り距離が長くなったとしても、このほうがグリーンを見通せることが多いのです。つまりセカンドショットが楽になるということです。

ではどう打つかというと、右ドッグレッグではコーナー左を目標にしたプルスライスが有効です。まっすぐ行ってしまった場合は前項のとおりです。右ドッグレッグの場合、つい コースの曲がりに沿って打ちたくなるのですが、それはリスクを伴いますので注意してください。左ドッグレッグの場合はコーナーに向かってプッシュスライスです。

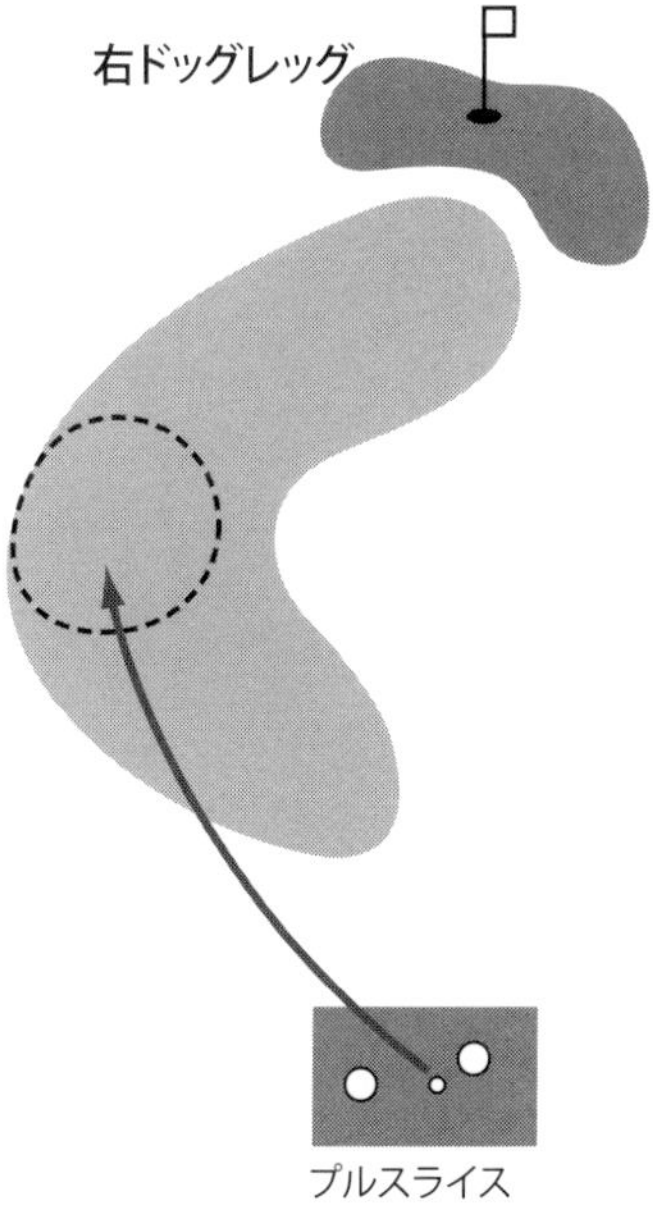

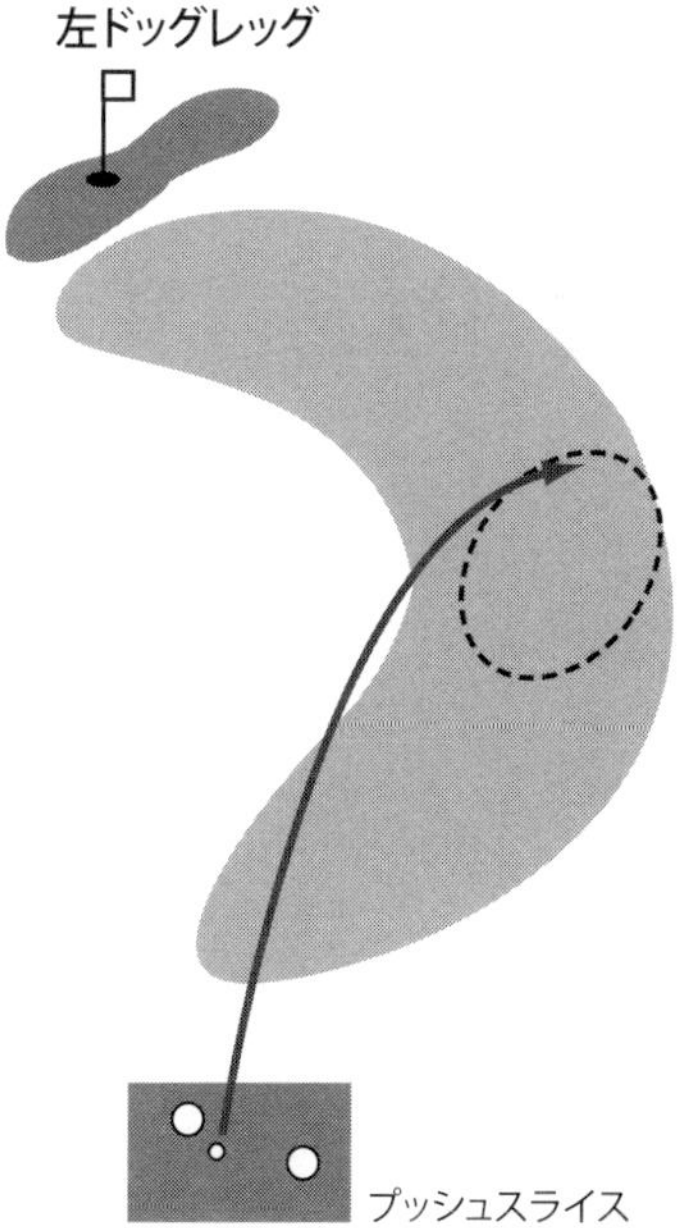

いわゆるドッグレッグのホールの安全地帯は曲がりとは逆のほうにある。右ドッグレッグは左側だし、左ドッグレッグは右側だ。グリーンから遠くなるわけだが、トラブルを避けるにはこのエリアが最善。

49 アゲンストはゆっくりスイングでニーアクション

ゴルファーにとってありがたくないものの第1番は雷です。次に雨、風でしょう。これらは同時に来ることもありますが、そんな嵐のような天候は例外として、雨と風ならばどちらが嫌いかというのは意見の分かれるところでしょう。

さて風です。なかでも向かい風を苦手としている人が多いと思います。距離は出ないし、ミスが何倍にもなってしまうからそれも当然です。フォローなら打球の曲がりが小さくなりますが、アゲンストの場合は逆に曲がりが大きくなってしまいます。

その嫌われ者のアゲンストへの対処の仕方は、とにかくゆっくり打つということです。アゲンストでは距離を出そうとして、力んでしまうミスがもっとも多く、次に打ち急ぎで大きく曲げてしまうミスが続きます。

ゆっくり打つには、膝でリズムをとるのが効果的です。そうすると、「叩く」から「運ぶ」へと意識が変わり、ミート率がよくなります。その効果で、曲がりが少なくなるわけです。ニクラウスのように、上空はフォローだ、と自分に言い聞かせるのもいいかもしれません。

ゆっくりのスイングをするには、下半身をゆっくり動かすのが効果的だ。
近くにいる人にボールをトスするように下半身を使う。

49 下半身でリズムをとるゆったりスイング

アゲンストでは前ページのように下半身、膝の屈伸を使ってゆっくりのリズムをとることが大切。強く叩くほど曲がりが大きくなるのだ。

膝が伸び上がったNGスイング

アゲンストのときにもっとも多いミスはこのように力一杯振ってしまうこと。方向性が悪くなるし、大きく曲がってしまう。

ニーアクションを使ったティショット

膝の屈伸（ニーアクション）を使ってゆっくりスイングする。こうしたほうが、曲がりが少なくなるのだ。

50 ナイスショットのあとのミスショットには理由がある

ティショット編　完璧を求めないことがスコアメイクの近道

ゴルファーの常として、たまたまのナイスショットが出ると、ずっとそれを追い求めてしまうものです。一度打てたのだから打てないはずはない。次も打てる、いや打たなければ…となってしまうわけです。こういう風に平常心を失った状態では、ナイスショットが打てるわけがありませんね。

ではどうすればいいのかというと、まずナイスショットを忘れること。目の前の1打に集中することです。といってもこれがいちばん難しい。そこで次善の策として、クラブを換えることが挙げられます。前のホールのティショットでナイスショットをしたら、次のホールではドライバーをスプーンに換えて、同時に気分を変えるのです。それもできないという場合の最後の手としては、ミスは出るものと、心の準備をしてしまうことです。

いい結果が悪い結果を招いてしまうなんて…。ゴルフとはつくづくアイロニーに満ちたゲームだなと思わされるのはこんなときです。欲を捨てた途端にナイスショット、という その逆もあるわけで、だからゴルフは面白いのです。

ティショットでナイスショットしたら、次のホールのティショットは注意が必要だ。もう一度ナイスショットを求めてしまうからである。そのはやる気持ちを鎮めるためにドライバ　をスプーンに換えるという方法がおすすめだ。

50

自信のあるクラブ選択が基本

どんなショットでも、自信の持てるクラブで打つというのがスコアメイク、いやゴルフの基本といえます。ティグラウンドに立ったときに不安を感じたら、迷わず、スプーン、それでも不安なら、アイアンに換えるしたたかさを持とう。うまいゴルファーよりタフなゴルファーを目指すのだ。

自分の持ち球であるスライスに自信を持つ。時にはフック系のボールを試すことも上達の過程では大切なことだが、スライスならいつでも打てるというくらいにブラッシュアップすることのほうがもっと大切。エイミング、アドレス、スイングをいつでも再現できるようにしておこう。

著者

久富章嗣（ひさとみ・あきつぐ）

1951年生まれ。ゴルフ向学研究所所長。浅見カントリー倶楽部理事長。'73年、現在プロで活躍中の高橋勝成の後を継ぎ、日大ゴルフ部で主将を務める。'80年、アマチュアとして全英オープンの一次予選をクォリファイし、英国の新聞・テレビに大々的に取り上げられた実績を持つ。'77年より執筆のための資料作りをスタートさせ、これまでの通説に対し「理論には必ず二面性がある」として逆説的発想で独自の理論を追求。月いちゴルファーに対して、いかにスコアメイクさせるか、効率のいいゴルフを実践させるかを研究し続け、これまで多くのアマチュアゴルファーをシングル入りさせてきた。全国に熱烈な信奉者を持つアマチュア向けレッスンの実力者。『書斎のゴルフ』に連載中。著書に『月いちゴルファーが、あっという間に80台で上がれる法』『月いちゴルファーが、80台で上がれる「勝負脳」をつくる本』（共に日本経済新聞出版社）がある。レッスン希望者はhisatomi-golf@jcom.home.ne.jpまで。

STAFF
執筆協力／山田 誠
写真／阪上恭史
本文デザイン・DTP／藤井元詞
校閲／尾﨑史朗（更盡社）
編集／（株）オールライト・パブリッシング
企画プロデュース／石橋栄一(ishibashi@allright-pub.co.jp)
撮影協力／浅見カントリー倶楽部(http://www.asamicc.com/)

逆説のゴルフ

「曲がる」「飛ばない」それでも100を切れる

●協定により検印省略
著　者　久富章嗣
発行者　池田　豊
印刷所　萩原印刷株式会社
製本所　萩原印刷株式会社
発行所　株式会社池田書店
〒162-0851 東京都新宿区弁天町43番地
電話03-3267-6821（代）/振替00120-9-60072
落丁・乱丁はおとりかえいたします。

ISBN978-4-262-16368-0

1201302